谨以此书献给
  在古典文学领域努力开拓的同行

张仁福 著

中国南北文化的反差

韩愈与欧阳修的文化透视

（增订版）

中国社会科学出版社

图书在版编目(CIP)数据

中国南北文化的反差:韩愈与欧阳修文风的文化透视(增订版)/
张仁福著. —北京:中国社会科学出版社,2009.6
ISBN 978 - 7 - 5004 - 7737 - 2

Ⅰ. 中… Ⅱ. 张… Ⅲ. ①文化史—研究—中国②韩愈
(768～824)—对比研究—欧阳修(1007～1072) Ⅳ. K203

中国版本图书馆 CIP 数据核字(2009)第 060183 号

责任编辑　张小颐
责任校对　林福国
封面设计　毛国宣
版式设计　木　子

出版发行　**中国社会科学出版社**
社　　址　北京鼓楼西大街甲 158 号　　邮　编　100720
电　　话　010—84029450(邮购)
网　　址　http://www.csspw.cn
经　　销　新华书店
印刷装订　北京一二零一印刷厂
版　　次　2009 年 6 月第 1 版　　印　次　2009 年 6 月第 1 次印刷
开　　本　710×980　1/16
印　　张　11.75　　　　　　　　　插　页　2
字　　数　157 千字
定　　价　25.00 元

增订版序言

张仁福同志的学术专著《中国南北文化的反差——韩愈与欧阳修的文化透视》于 1992 年 1 月出版发行后不久就全部告罄，但仍不断有读者向出版社和作者索求此书。十多年来，数种精选名人论述文化问题的书籍，也将张仁福书中的某些章节辑入书中；一些研究韩愈、欧阳修的论文中也曾引用过张氏书中的文字；还有从网上下载的……这说明此书在社会上产生了明显的影响。由于当时印数偏少，供不应求，加之作者又有增补的要求，因而再版此书亦在情理之中。

这次修订再版，作者除对原书中的某些错漏作了更正外，又增补了"关于文化"和附录于书末的刘师培《南北学派不同论》中的"南北考证学不同论"。

对全书的一些个人意见，可参看我在此书初版时的序言，这里不再赘述。下面只想对增补的部分，谈点个人的读后感。

我在此书初版序言中曾提到作者是按照自己所认同的"文化"概念作为该书立论的出发点，继而来论述中国南北文化与韩、欧文风的关系及其有关问题的。意在提醒作者进入正题之前，需将自己所持的"文化"概念作个交代或论述，以便读者明白作者所掌握的基本原理和评判尺度。只因当时此书付印在即，一时来不及补上，只好留待再版时增补了。为此，作者趁此书再版时，专辟"关于文化"一章加以论述，以补其缺，了其心愿。

在"关于文化"一章中，作者首先对"文化"概念的言人人殊的情况作了深入浅出的介绍；其次对"文化"一词的源流，对"文化"、"文明"、"人文"之间的区别和联系，"文化"有"广义"（"大文化"）和"狭义"（"小文化"）之分，以及有关文化结构的几种说法等问题，作了综合性的述评和介绍；最后表明作者所认同的观点："关于文化的概念，就是指人类所进行的一切创造活动及其成果，包括物质财富；既指一种过程，也指这个过程的结果。简言之，人类实践的能力、方式及其成果的总和即文化。它包括三个层次：器物文化、制度文化、精神文化；而价值观念，或者说精神文化，则是文化的核心。这就是文化概念的全部内容。"言简意赅，言必有中。简言之，补入"关于文化"这一章，是全书不可或缺之一环。此其一。

其二，辑入附录中的《南北学派不同论》，不仅是刘师培著作中的一篇力作，而且是学术界讨论南北文化问题方面的一篇重头文章，而南北学派问题又属南北文化问题中应当讨论的一个重要内容，不能去而不论。刘师培先生在这篇论文中分成六个部分：总论、南北诸子不同论、南北经学不同论、南北理学不同论、南北考证学不同论、南北文学不同论。作者以深厚的学术功底、渊博的知识素养、敏锐的学术眼光、务实求真的史家笔法，高屋建瓴，总揽全局，对南学、北学的各种学派的源流、学说、观点、特点、异同、得失等方面作了提纲挈领的概括和评价。其中常有画龙点睛之笔和一言中的精辟论断，不愧是出于国学大师之手笔。像这样一篇讨论南北文化学派的重要论著，却没有引起某些编辑出版"南北文化"类书籍者的注意或重视，他们不仅没有将其全文收入，甚至连刘文的只言片语都没有提及，这不能不令人感到遗憾。好在有些读者看了张仁福的《中国南北文化的反差》一书及其附录刘师培的《南北学派不同论》，当即顿开茅塞，不仅为张著叫好，而且对刘氏大作深表佩服，引起深研其文的兴趣。可惜当时没有将其全文录入，其中缺了"南北考证学不同论"这一章，给读者留下了缺憾。这次再版此书时，弥补了这个缺憾，这是一件值得高兴的事。

"南北考证学不同论"，是全书中文字最多的一章，所论正好是中国古代学术研究中的主导方法：考据学。本章对宋元以来的考据学，尤其是清代的考据学，作了全面、系统的梳理和评判，不妨将其当作清代的考据学简史看待（至少本人有这种看法）。其重要性不言而喻。

这里还涉及如何看待考据学的问题。一提到考据学，有人不免会皱起眉头（指没有兴趣），这也难怪，人各有志，各其所乐，不必强求。但是，对于学术界来说，学术研究方法问题，绝非可有可无的问题，它关系到文化遗产如何继承和发扬光大的问题，如何开创学术研究新局面的问题，如何建设更先进的民族优秀文化的问题。考据学既然是前人研究古代文化的基本方法，必然有其值得继承或总结的东西。当今一些学者呼唤传统文化的"复归"，其动机之一，是出于对今后如何更新学术研究方法的思考而提出来的。诚然，"复归"并不等同于"复古"，也并非照搬前人的经验方法，而是在前人研究经验的基础上，对其精华进行创造性的运用，从而形成新的研究方法，譬如建设一种称之为"新考据学"的学科，有志者不妨一试。就以综合性研究方法而论，势必离不开考据学。正如有的学者所设想的那样，如果以中国传统文化研究方法中的考据学为主干，在保持中华民族传统特色的前提下，有选择地汲取外来方法中的有益部分，给予改造和更新、"脱胎换骨"，形成新的研究方法，想必会开创崭新的学术研究局面，取得令人瞩目的成果。可见，前人的考据学值得研究、总结，可以继承和创新。

最后，想对本书及其作者给我的印象说上几句。

张仁福同志在大学读书期间，勤奋好学，品学兼优，被视为有培养前途的好苗子。研究生毕业后，没有实现其专业对口的愿望，成了某大学双肩挑的中层领导干部，只能在百忙中抽时间做些与专业相近的事，诸如编写文科教材之类，还兴致勃勃地翻译了些外文著作，成果虽然不少，但他仍不忍放弃过去所从事过的研究方向，因而首先想到增订《中国南北文化的反差——韩愈与欧阳修的文化透视》一书，想借此契机，重操旧业，继续将原定的研究方向坚持下去。此举自然值得鼓励。"亡羊而补牢，未为迟也。"笔者过去也曾走过一段曲折的道理，历经世事，方能大彻大悟，人生真谛自在心中。在我看来，一个人的学术生命保持长盛不衰，也是一种幸运！仁福同志正当中年，时间尚充裕，希望能从自身的实际出发，盘点既往，规划未来，在学术研究上做出新的成绩。

仁福同志求吾写篇再版序言，于是挤出时间重读其作。平心而论，与他过去所写的其他论著比较而言，此书不失为一本力作。作者功底实在，阅读广泛，每逢文献典籍，如数家珍，左右逢源。其论事出有据，言必有理。其间有些章节或段落，每有独到见解，或有突破旧说之处，不失为一部有学术价值的好书。读罢原著，沉思良久，是为之序。

殷光熹

2008 年 9 月 6 日

于昆明翠湖畔听雨斋

序

　　学界对中国古代文学的研究，成果辉煌，为世人瞩目。从文体分类研究的角度看，诗、词、小说最盛，相比较而言，中国古代散文的研究显得较为薄弱。其实，散文在中国文学史上占有相当重要的地位，姑且不说其他，仅以唐宋散文来看，作家作品之多，实在令人惊叹。要对这笔丰富的文化遗产进行全面搜集、整理和研究，实在不是一朝一夕的事，需要长时期的努力。就以大家熟悉的"唐宋八大家"为例，近四十年来，围绕"唐宋古文运动"的问题，发表过不少论著，其中又多半集中在韩愈、柳宗元身上。这些研究成果固然应当充分肯定，以传统为主的研究方法也无可非议。但今天摆在我们面前的任务是如何在以往研究成果的基础上，对唐宋散文作一些新的探索，有所突破。这当然需要有耐得住寂寞、乐于献身科学的有志者。近读青年学者张仁福的新著《中国南北文化的反差——韩欧文风的文化透视》，不仅被书中的论述所吸引，而且为出现知难而上的有志者感到高兴！

　　本书从中国南北文化差异的角度，比较研究了韩愈和欧阳修散文风格的南北差异。作者按照文中所说明的"文化"概念，从作家作品的分析比较入手，即在微观研究的基础上，又从宏观的角度，多学科、多层次地探讨了韩愈、欧阳修散文风格形成的互异现象和原因，并着重探讨了形成韩欧散文不同风格的文化根源和历史渊源。全书能在宽广的覆盖面中突出韩欧文风，在韩欧文风的相通而又相异中揭示联结中华民族的南北文化心理结构。这当中涉及的许多问题，需要进行科学的论证，才能得到正确或圆满的回答。要做到这一步，难度是相当大的。令人可喜的是，本书作者在这方面付出了艰辛的劳动，获得了可喜的成绩。

本书最显著的特点就是将研究对象置于整个文化大背景下进行审视，并且运用多种学科知识进行综合性研究。书中所论述的问题，不仅内容丰富翔实，新意层出，而且颇有深度、广度和理论色彩。从本书所选取的角度和行文的思路可以看出来，作者力图避免两种偏向：或仅就韩欧文风而论韩欧文风，或离开韩欧文风而泛论南北文化。通过对韩欧文风的精细剖析，由表及里，由此及彼，由点到面，层层深入，步步推进地探讨了中国古代传统文化的南北差异和形成韩欧文风互异的文化根源。显然，要研究韩欧这样的"连体作家"及其散文风格，不从南北文化的角度去进行深入考察，是难以说明其差异和特点的。作者正是抓住这一关键所在，按问题逐一展开，上下勾连，多方比较，使一些问题迎刃而解，新意自见，令人折服。为了说明这个看法，这里不妨略举数例，供读者思考。

作者在考察问题的时候，首先是抱着求真的科学态度，以事实为根据；惟其如此，得出来的结论或看法，才能站得住脚。例如作者在通读韩欧文集的基础上，将韩欧一脉相承的篇章，一一作了仔细的考察和分析，并选择其中具有可比性的代表作品进行比较研究，归纳出一一对应的两组特征，证明它们在一定程度上构成韩欧文风的互异形态，即刚健、雄正、愤激、壮直、质木、拙劲、迅急、疏括等，大抵代表了韩文风格的一些特征；柔婉、飘逸、哀婉、委曲、轻丽、纤巧、纡徐、缜密等，大抵代表了欧文风格的一些特征。在每组对应篇章的比较中，欧文与韩文的相承关系，从主导方面说，不是"顺承"或"同化"，而是"反向"或"分化"。表现在以下几个方面（引号内的字，前者代表韩，后者代表欧）：化"刚"为"柔"，化"雄"为"逸"，化"气"为"情"，化"直"为"曲"，化"质"为

"丽",化"拙"为"巧",化"促"为"徐",化"粗"为"精"等等。由此可见,"欧阳修规模韩愈而文风发生严重变形以至互异的现象,实质上就是中国古代,尤其是唐宋以前南北文化差异的折光反映"。从文化情境来看,韩欧相异者多于相同者:韩愈在先秦众多的文化"染色体"中,本质上汲取的是北方的基因,文中虽涉庄骚,但并未深入其精神世界,最后还是落脚到以儒家为主体的北方文化范畴。从表层上看,欧阳修的思想和创作同韩愈有某种继承关系,但其文化情境的南方底层(老庄屈宋)仍然稳固未变,并没有超越先秦以来的南方文化体系。其中的奥秘就在于:"心灵构造是南方的,北方规范只是叠加于其上的追加层次。"这样看来,欧文具有相当浓厚的楚骚风调也就是顺理成章的事了。文中还提出了常常被人忽略的问题,即"欧'道'中有老庄印记"的问题。目前研究韩欧者,一般都认为欧阳修所说的"道"与韩愈所说的"道"是一脉相承的,所不同者仅在于前者是强调"致用"——通过实践求"道",有补于时事。这固然不错,但忽略了欧阳修受庄骚的影响。文中以众多的作品,并结合作家的一生行事,作了颇有说服力的论证。在阐明不同的继承关系所反映出不同的文化情境方面,除了上面提到的外,还谈到了韩欧文与《史记》、《文选》等书的继承关系问题。以《史记》为例,韩欧都与之有密不可分的继承关系,但各有侧重:韩愈对《史记》的继承,主要是"排戛雄奇"一面到位,"抑扬唱叹"一面不到位;欧阳修则与之呈相反状态。原因就在于韩愈与北方文化有更多的联结;欧阳修则与南方文化有更多的联结。话说得活脱圆通,易于被人接受。

作者在求真的同时还力图在某些问题的研究上求新。这不仅体现在他对微观问题的研究上,也体现在他对宏观问题的审视上。

作者本着求真探新的精神,在对韩欧文风作比较研究时,对所依据的材料(如韩欧作品),大都经过一番细心的考察和研究,以便在使用它们时能够准确无误,或者尽量减少误差。譬如过去人们对《醉翁亭记》主题的解释就有多种,"宣扬政绩"说就是其中颇有代表性的一种说法。本书作者在通读欧阳修的全部作品和查阅有关文献时，发现"宣扬政绩"的说法与实际情况不符。一查《滁州志》，真相大白，"原来滁州是一个多灾多难"的地方，欧阳修在滁州期间，主要做了"修城防盗"和"求神祈雨"两件事，所以"谈不上有卓著政绩"。他认为《醉翁亭记》对滁州优美山水、民生和乐的描写，多半出自作者的想象，并非滁州现实的真实写照，而是把现实中没有实现的理想，幻化为美好的东西——一种"桃花源"境界罢了。这种解释和看法，可谓发前人之所未发！

从宏观审视的角度看，全书围绕着韩欧与南北文化有关的一系列问题展开论述。作者居高临下，眼观四方，穿针引线，左右穿梭，如同在编织一幅中国南北自然人文环境图，泾渭分明，一目了然。例如文中探讨自然人文环境和文化心理结构的关系时，认为前者决定后者，而后者在一定程度上又反作用于前者。又论及南北不同的自然人文环境对北人和南人在文化心理结构上形成的不同因素及多种表现形态，还从南北民情风俗来部分地印证南北文化心理结构的不同。引人注目的是，书中比较全面系统地论述了中国南北文化心理结构，即从民族性格、价值标准、情感形态、思维方式等方面逐一剖析了南北差异。概言之，全书的覆盖面相当宽广，如果没有广博的知识，是绝对写不出来的。

本书在论证问题时，没有满足于材料的充实和对问题的阐释与说明上，还特别注意到对材料的分析、提炼和总结，上升到理论高度进行论证。因而深化了认识，揭示出某些带有本质特征和规律性的东西。例如在"韩欧创作个性与南北差异"这一章，作者认为，韩欧各自的文化情境（河洛文化和吴楚文化的熏陶）及其同前代（先秦与魏晋南北朝）南北文化的联结，决定了他们在文风成因上与南北差异有关，如个性作风、文学思想、审美风尚、思维定势等。从个性作风看，两种不同的个性作风形成韩欧不同的风格。从文学思想看，韩愈的"不平则鸣"，欧阳修的"穷而后工"，本质上虽无大的区别，但联系他们各自的表述方式和某些创作来看，同中有异：在情感形态上，韩愈"主气"，多倾向于直抒胸臆（韩文也有比兴，只是其中多注重"比体"的内蕴和质感，而不注重声色）；欧阳修"主情"，多倾向于感物兴怀（多注重"比兴"形式）；韩重"赋格"，欧重"比兴"。韩愈所云"不平"所产生的"气"，也可以说是一种情感，带有更多的激情、气概。欧阳修心中的"情"，是借助于外物的感发而表达出来的，讲求中节。前者有些类似燕赵的慷慨悲歌，后者有些接近江左的流连哀思。这正是南北差异的一种表现。作者还以韩欧议论文为重点，探讨了思维方式如何在一定程度上影响到文风特征。从韩欧各自对"道"的理解和阐发中，正集中体现出两种不同的思维定势，即韩愈的"外观博取"的思维定势在起支配作用；欧阳修则是"内省求精"的思维定势在起支配作用。这两种思维定势也正是南北差异的一种表现。两种思维定势必然形成韩欧议论文的不同风格特色。作者在本章的结尾还综合了韩欧文风差异及其成因的不同，以图表示意韩欧两大作家的风格结构，将自己的独到见解，清晰地呈现在读者眼前。如果没有深入研究和较为扎实雄厚的功力，我想是不可能写出具有这样学术理论深度的文字的。

书中还提出了一些令人深思和有待进一步探讨的重要问题（其中有的问题前人也曾提出过）。诸如唐宋之际，"中国南北错位"的问题。在作者看来，这个问题也同样涉及如何认识韩欧文风的南北互异现象问题。细加思索，这确乎是一个值得深入探讨的有趣课题。在这里，作者也谈了自己的初步看法："韩欧文风的南北差异，并非偶然现象；它正是唐宋之际中国南北文化错位的一个必然结果。"接着从农业经济、人口分布、行政区划分、大城市分布、军事割据、人才结构等方面详细地论证了历史发展到唐宋之际，"几乎来了个一百八十度的大转弯，中国南北人文生态的对比开始出现对峙和换位的局面，即是说：唐以前，北盛于南；宋以后，南盛于北"。在这个"南北大换位时期"，始终存在着"南北竞争问题"，"在唐代，它主要表现为南北文风的斗争；在宋代，则主要表现为北方集团对南方人才的压制"。"正是二者的冲突和交融，才形成唐代文学的蔚为壮观的局面。"到了宋代，以南人为主体的宋代文化风格，就同以北人为主体的唐代文化风格形成了鲜明的反差。并引述了中外学者关于唐宋两代的社会风尚及文学创作方面的著名论述作为佐证，从而得出了这样的看法："唐宋文学之间的反差，唐诗与宋诗的区别，唐文与宋文的区别，在相当程度上，就是中国南北文化差异的反映。而韩愈和欧阳修，只不过是其中一个小小的但颇具代表性的缩影而已。"平心而论，这些看法不无道理；若能诱发更多的人继续探讨唐宋之际中国南北文化的"换位"问题，至少也说明该书作者起到了抛砖引玉的作用。

全书的总体结构还是紧凑的，论述过程中，逻辑也较严密。还有文字的精练，文笔的流畅，等等，都能说明作者有过全面训练的基础，加上个人的才气和刻苦努力，写出了这样一部颇有分量的学术专著。

读完书稿，我还有点美中不足的感觉。书中有的带交叉性、多重性的问题，尽管作者力图将它说清楚；我读后，总有点不尽如人意的感觉。个别问题，内容的延伸，似嫌过宽过远了些，关键在于与韩欧文风挂钩不够，即便有，也有点勉强。当然，这些小疵，无伤大局。总的来说，我对这部书的印象是很好的。为此，特向广大读者推荐。

以上所谈看法，难免有不当之处，仅供参考。

殷光熹

1991 年 1 月 15 日写毕

目　录

一　引子 ………………………………………………（1）

二　连体作家 …………………………………………（4）

三　谜中之谜 …………………………………………（9）

四　关于文化 …………………………………………（18）

五　韩愈、欧阳修与先秦南北文化 …………………（28）

六　韩愈、欧阳修与魏晋南北朝南北文化 …………（42）

七　中国南北自然人文环境 …………………………（60）

八　中国南北文化心理结构 …………………………（79）

九　核心地带：河洛和吴楚 …………………………（92）

十　韩愈、欧阳修创作个性与南北差异 ……………（99）

十一　唐宋：中国南北错位 …………………………（111）

十二　尾声 ……………………………………………（122）

附录　南北学派不同论 ………………………………（126）

后记 ……………………………………………………（171）

增订版后记 ……………………………………………（174）

一　引子

艺术与它所归属的文化同形……

——卡冈：《美学和系统方法》

　　1986 年，在那场突如其来风靡全国的文化热中，正当人们不厌其烦，喋喋不休，对中国传统文化的特质争论不休之际，上海举行的一次讨论会却别开生面，议题是"海派"文化和"京派"文化的区别。事情虽然是旧事重提——在 20 世纪 30 年代的同一争论中已以鲁迅先生的"北人大抵厚重，南人大抵机灵"的平允之论一锤定音，但在新思潮新视角的刺激下，这两个本来发端于艺术部门的"戏称"现在一本正经地扩展到整个文化领域，尽管没有长篇大论，但大多不乏新鲜见解。与会者认为，正如一切文化都显示出"内核"与"边缘"两重构造一样，在中华文化这个大文化圈内，历史悠久的中原文化属于内核文化，由它向周边地区辐射，从而形成一个文化圈；中国东南沿海一带处在这个文化圈的边缘，属于边缘文化。"京派"文化是中原内核文化的一部分，"海派"文化则是东南边缘文化的集中代表。上海自开埠以来，人才荟萃，带来了各地文化的特色，并有"欧美风雨"侵蚀的痕迹，但又始终保持着自身的传统本色。讨论会在总结 30 年代争论的基础上，还简单概括了"京派"文化和"海派"文化的区别：

　　"京派"文化注重传统的因袭和继承。讲究师承关系，强调门户分别，严格遵守艺术规范和技巧，重视基本功的培养和训练；治学讲究渊综广博，追求深芜，穷其枝叶。其总体特征是踏实谨严；长处是关注现实，追求进步，但由于受传统的影响较深，又表现出一定的保守性。相反，"海派"文化不大注重师承关系，不大讲究流派规范，不墨守成规，勇于革新创造，思想活跃，善于吸收新鲜事物；治学讲究精通简要，深入浅出，通俗易懂。其总体特征是创新、开放、多样、善变，但又夹杂着轻佻、肤浅和浮华之弊；求新有余，谨严不足。

事隔不久，文化热余波未平，又有人津津乐道地谈论起北京文化和广州文化的区别：

> 北京文化是一种政治文化，或者说"皇城文化"，广州文化是一种大众文化，或者说"市场文化"。北京人关心政治，爱议论时政，富于忧患意识，忧国忧民忧天下。然而其负面表现为"救世主文化"，以为全国看北京，唯北京马首是瞻，一切取决于上层建筑的决策与进退，倾向于用政治手段解决其他经济文化问题。而在广州，政府的影响和作用成为一只"看不见的手"。广州人认为文化不应围着官场转，不能老是上面感冒发烧，下面吃药，文化应围绕着市场转才有生命力。如果说，北京人关心的是某些重要人物的进退升降，广州人关心的则是政策不变……

不论是"京派"文化和"海派"文化的区别，还是广州文化和北京文化的区别，这些并非系统而深入的议论却共同道出了这样一个事实：中国当代存在南北文化的差异。

问题并不难于理解。作为一个拥有960万平方公里土地的文明古国，中国地域辽阔，人口众多，民族构成之复杂，世所罕见；地形和气候多样，从最北端的漠河到最南端的曾母暗沙，南北跨越的纬度近50度，平均气温相差24℃；各地区民情风俗大相悬殊，生产方式、生活方式和社会心理不尽相同；加上数千年历史铺垫的深厚的文化积层，漫长封建社会经常性的割据和战乱造成的经济和政治发展的不平衡性的惯性，尤其是中国历史上出现过的近八百年的南北对峙（先秦、三国、魏晋南北朝、宋金）的文化投影，易于形成南北文化的差异可想而知。

然而，令人困扰的是，要全面而系统地分析这种南北差异，几乎绝无可能。我们一谈论起来，不是捉襟见肘，漏洞百出，自相矛盾，就是你说你的，我说我的，谁也说不清楚，谁也说服不了谁。

中国的南北文化，至今是一个谜。

黑格尔在《历史哲学》中写道：世界上有一个国家，就其文化形态看，它的现在和它的过去一模一样。今日中国，是昨日中国再完整不过的继续；而历史发展的程序，总是从低级到高级，从简单到复杂。既然我们不能把握今天，就让我们先探讨昨天，去看一看古代南北文化。不过，我们又不想泛泛而谈，对古代南北文化作包罗万象的分析、描述、阐释、概括，从而提供一个清晰而完整的图像，因为这在事实上并不可能。何况谈论文化是一件棘手的事。据说，国内外有关文化的定义不下五百种，我们无所适从；而西人罗威勒说得更玄："再没有比谈论文化更危险的了。它实在令人难以捉摸；我们不能分析，因为其成分无穷无尽，我们不能描述，因为其形态千变万化。它仿佛空气，除了不在我们手中以外，它无所不在。"于是，我们只好避难就易，避虚就实，选择两个具体"个案"，从古代的两位知名作家谈起。因为艺术不是部分地代表文化，而是全部地代表文化。"归属于特定文化的艺术是该文化类型的独特模型，是它的形象肖像……艺术与它所归属的文化同形。"① 也许，通过对这两位作家具体而深入的分析，我们多少可以窥见和领悟中国古代以至当代南北文化的差异。

---

① ［苏］莫伊谢依·萨莫伊洛维奇·卡冈：《美学和系统方法》，凌继尧译，中国文联出版公司1985年版。

二 连体作家

韩愈变今文为古文，欧阳修变古文为今文。

——王应奎：《柳南随笔》

几乎无人不晓，韩愈和欧阳修，是中国古代两位杰出的散文家。他们的《师说》、《马说》、《醉翁亭记》和《秋声赋》等篇章极具艺术魅力，至今脍炙人口。然而，有关这两位作家的特殊之处，却鲜为人知。

唐代古文运动，韩愈导之于前；宋代诗文革新运动，欧阳修继之而后。两人相继领导了两场前后一脉相承的文学改革运动；两次文学改革，都是对某种绮靡文风的逆反心理效应，只不过一是针对六朝而已，一是针对五代而已。欧阳修的散文创作，直接取法于韩愈，甚至达到亦步亦趋的程度，以至于有人半开玩笑半认真地说，欧阳修窃取韩文，有明取，有暗取，明取者可数，而暗取者不可数。① 欧阳修本人也供认不讳。他在《记旧本韩文后》中回顾自己的创作经历说，他青年时代家居随州时，从邻居家的破书筐中发现一本"脱落颠倒"的韩愈文集，爱不释手，潜心研习，反复拟作，尔后"韩文遂行于世"；并极力称赞道："韩氏之文之道，万世所共尊，天下所共传而有也。"

---

① 见《邵氏闻见录》卷四。

在中国散文史上异军突起的唐宋八大家散文，肇始于韩欧，从共性走向个性，从历史走向个人，面目各具，异彩纷呈，然而，若论其文章风格的鲜明、独创和集中，又首推韩欧。韩愈和欧阳修，以他们不懈的努力及其光辉的创作业绩，力挽狂澜，扭转了一代文风。唐代李汉在《昌黎先生文集序》中描述同时代人对韩愈创作的反应是：时人"始而惊，中而笑且排，先生（韩愈）益坚，终而翕然随以定"，"至元和……文体大变"。宋代韩维在《欧阳修墓志铭》中说："景祐初，公（欧阳修）与尹师鲁专以古文相尚……于是文风一变，时人竞为模范。"韩愈和欧阳修，几乎已成为揭橥唐宋两代一代文风的独一无二的标志。另外，甚至有人惊讶地发现，韩愈和欧阳修，不仅同为文学革新的倡导者，志趣相投，作为相当，而且其生活圈子也大致相似：韩愈在朝廷的靠山有宰相裴度和董晋，欧阳修在朝廷的靠山则有宰相富弼和韩琦；与韩愈比肩的有大文豪柳宗元，与欧阳修比肩的则有大文豪苏轼；韩愈的知己有失意文人孟郊，欧阳修的知己则有失意文人梅尧臣；经常与韩愈唱和的有樊宗师、李翱、张籍、皇甫湜、贾岛，经常与欧阳修唱和的则有尹洙、石介、谢绛、苏舜卿、石延年等作家；韩愈有佛门友人文畅、高闲、大颠，欧阳修则有佛门友人惟严、秘演、惠勒……①几乎无一人一事不相当！怪不得宋人异口同声地惊呼："欧阳修乃今之韩愈也！"

然而再有趣不过的是，尽管两人有如此多的相似之处，尽管欧阳修对韩愈亦步亦趋，几近东施效颦的地步，但两人文风却大不一样，甚至走到相反对的位置。皇甫湜评价韩文是："如长江大注，千里一道，冲飙激浪，瀚流不滞。"茅坤评价欧文是："若携美人宴游东山，而风流文物，照耀江左。"如果说，韩文如波涛滚滚的长江大河，欧文则如波光潋滟的湖水陂塘；韩文如长风出谷，一往无前，欧文则如晓风残月，情意缠绵；韩文如连峰绝壑，气象森严，欧文则如幽林曲

———————————

① 见（明）郑瑗《井观琐言》卷二。

涧，赏心悦目；韩文如洪钟巨响，撼人心魄，欧文则如江南丝竹，悦耳怡人……大体说来，韩文属于阳刚之美的范畴，欧文属于阴柔之美的范畴。清代姚鼐在首创古文两美之说的《复鲁絜非书》中特别指出："欧阳曾公之文，其才皆偏于柔之美者。"明确地把欧阳修和曾巩的散文划在柔美的范围。最耐人寻味的是清代一位名不见经传的文人冯定远评价云："韩子变今文而古之，欧阳变古文而今之。"① 古文，即由韩愈开创的那种上继先秦两汉、以奇句单行为主的清新质朴的散文；今文，则是被韩愈斥为"俗下文字"的六朝骈文及其绮靡文风。这样看来，历史似乎对欧阳修开了一个大玩笑，尽管他步趋韩愈反对六朝风范，自身却又不由自主地回归到六朝风范。从韩愈到欧阳修，犹如从一个点引出的一个平面圆，起点和终点重合，而欧阳修始终在这个圈子里打转转。

这真是一个少有的奇特现象！当我们把中国古代文学史上那些常常相提并论的作家排列出来与韩欧作一个比较，两者的关系就更加耐人寻味。

屈宋——屈原和宋玉

马班——司马迁和班固

苏李——苏武和李陵

三曹——曹操、曹丕和曹植

嵇阮——嵇康和阮籍

颜谢——颜延之和谢灵运

王孟——王维和孟浩然

高岑——高适和岑参

李杜——李白和杜甫，李商隐和杜牧

韩柳——韩愈和柳宗元

元白——元稹和白居易

---

① 王应奎：《柳南随笔》卷六，中华书局 1983 年版。

皮陆——皮日休和陆龟蒙

温李——温庭筠和李煜

欧苏——欧阳修和苏轼

三苏——苏洵、苏轼和苏辙

秦柳——秦观和柳永

苏辛——苏轼和辛弃疾

四灵——徐照、徐玑、翁舒和赵师秀

白马——白朴和马致远

三袁——袁宗道、袁宏道和袁中道

……

上述作家，要么创作主张或风格相近，自成一派，要么创作主张和风格相对，分庭抗礼；谁也没有像这样把韩愈和欧阳修摆在一起时显示出更多的相同之处和更多的不同之处！韩愈和欧阳修，可谓一个相通而又相反的"两极"。

从欧阳修的《记旧本韩文后》的自述来看，他祖述韩愈似乎出自一个极偶然的机会——在邻居家的破书筐中发现一本韩文；实际上，这里面有深刻的历史文化原因。一个再简单不过的道理是，中国传统文化以儒家扩散力最强；儒家文化是联结中国各地区居民的文化纽带。早在先秦时代，孔子死后，其学生遍布各地，便把儒家思想的种子散播开来。据《史记·儒林列传》记载：自孔子卒后，七十子之徒，散游诸侯。故子路居卫，澹台子羽居楚，子夏居西河（今陕西东部黄河西岸地区），子贡终于齐。当时，就连土生土长的南人也抵抗不了儒学的诱惑。《孟子·滕文公上》有云："陈良，楚产也，悦周公仲尼之道，北学于中国。"连南方著名学者陈良也跑到北方去学习儒学了。而作为先秦南方文化的主要代表之一的屈原，也明显带有儒家思想影响的痕迹，"路漫漫其修远兮，吾将上下而求索"，砥砺才德，积极入世，改革楚国政治，以让自己的祖国统一天下；这不亦儒家"修身、齐家、治国、平天下"的价值准则的显现？后来更经过汉代

"罢黜百家，独尊儒术"的张扬，以及随晋室东迁而形成的儒学南移的趋向，儒家文化便深深扎根在中国这块土地上，遍及大江南北，几乎渗透每一个中国人的心灵。

韩愈倡导的古文运动，目的正在于复兴儒学，改革文风，续接由周公孔子开创的儒家道统。而欧阳修出身于儒学世家，父系一族"世为庐陵士族，而皇祖府君以儒学知名当世"①；由于家学渊源，自然深受儒家文化熏陶。所以，当欧阳修在随州那个几乎与世隔绝的边远地区意外地发现一本韩愈文集的时候，自然不难形成对韩愈思想和文风的认同，从而步其后尘，一生效尤。可以说，正是儒家文化的这条纽带把他俩联系得尤为紧密，难解难分，成为连体作家。

然而，困难的地方并不在于解释"同"，而在于解释"异"。

下面，就让我们把"光圈"缩小，集中对准两人的文风、散文风格。

① 《欧阳氏谱图序》，见《欧阳永叔集》。

三　谜中之谜

……在所有场合下，风格成为文化的艺术符号。

——卡冈：《美学和系统方法》

我们读《韩昌黎集》和《欧阳永叔集》，总有一个深刻印象，那些前后一脉相承的篇章比比皆是，数不胜数。如下面这些（见图表1：韩愈、欧阳修一脉相承的篇章）：

图表1　韩愈、欧阳修一脉相承的篇章

韩　愈	欧阳修
原道	本论（中）
争臣论	与高司谏书
张中丞传后叙	王彦章画像记
蓝田县丞厅壁记	送扬子聪户曹序
送高闲上人序	释秘演诗集序
新修滕王阁记	真州东园记
送孟东野序	送扬寘序
荆潭唱和诗序	礼部唱和诗序
送温处士赴河阳军序	送梅圣俞归河阳序
送董邵南序	送曾巩秀才序
送廖道士序	送廖倚归衡山序
圬者王承福传	湘潭县修药师院佛殿记

续表

韩　愈	欧阳修
施先生墓铭	胡先生墓表
答李翊书	与乐秀才书
殿中少监马君墓志	张子野墓志铭
感二鸟赋	红鹦鹉赋

　　以上篇章，后者或在立意，或在主旨，或在题材，或在体裁，或在题目，或在措辞，都存在明显的"拟韩"痕迹——当然，大多是在思想内容方面；欧阳修对韩愈的认同即在于此。此外，韩欧文集中还有另一类相关联的篇章，虽然看不出什么拟韩痕迹，但在散文史上却珠联璧合，交相辉映，可以互相媲美。例如（见图表2：韩愈、欧阳修相互媲美的篇章）：

图表2　韩愈、欧阳修相互媲美的篇章

韩　愈	欧阳修
祭十二郎文	泷冈阡表
送李愿归盘谷序	醉翁亭记
祭田横墓文	祭石曼卿文

　　然而，不管有无拟韩痕迹，直接规模韩愈的欧文都与之迥然有异，发生严重变形，又自成一体，与韩文相得益彰。下面我们试析数例。

　　韩愈的《原道》，旗帜鲜明，破立相间，堂堂正正。文章运用大量的排比句和对偶句，以浩瀚的气势，整饬的语言，在反复伸张儒家仁义道德、伦理纲常以及圣人之教的同时，对破坏道统的异端邪说大加挞伐。在思想意识领域，猛烈抨击杨墨佛老，尤其是佛老的"主寂灭"和"小仁义"；在社会生活领域，对扰乱国计民生的僧侣道士，甚而下一道杀气腾腾的诛民令："民不出粟米麻丝、作器皿、通货财以事其上，则诛!"末尾总括全文主旨，仍不忘惩处佛老，叫嚷要"人其人，火其书，庐其居"，将这些社会蠹虫一扫而光，显现出一片刀光剑影!相反，立意出自前者的欧阳修《本论》却对佛老危害只字不提。文章语调温和娓娓道来，宛如一位睿智的长者在向人讲述先王之制——尧舜及夏商周时代，人人致力于南亩，遵守社会规范，沉浸于耕织、狩猎、婚姻、丧祭、乡射等一系列符合礼仪的活动中，不思外慕。后来由于"王政阙，礼义废"，佛教才乘虚而入。由此作者得出结论：抵制异端邪说，"莫若修其本以胜之"。在他看来，面对佛教的侵蚀，只要做到心中有所守，信守儒家思想，即使"眇然柔懦，进趋畏怯"的一介书生，也胜过"被甲荷戟，勇盖三军"的壮士武夫，更不必张牙舞爪地去毁寺灭佛。——从韩文到欧文，可谓化"刚"为"柔"。

韩愈的《争臣论》，旨在批评谏议大夫阳城尸位素餐的不作为行为。文章高屋建瓴，层层推进，势如破竹。作者依据儒家"兼济天下"的思想原则，有意设置对立面，四问四答，将为阳城辩护的理由一一摆出，又逐一撕破：一责其在位不谏，二责其贪恋禄位，三责其讳君之过，四责其独善其身。加上行文中不时用"乎哉"二字贯穿的反诘句喝断："有道之士，固如是乎哉!"更增强了文章的凌厉气势。锋芒所向，直逼对方，令之无处躲闪。主题与之相近的欧阳修《与高司谏书》，虽然批判的矛头也指向对方，但又时时注意回护自我。文章优游不迫，从自己与谏官高若讷的四次相识及其怀疑说起：一闻其名而未见其人；二闻其贤而未见其能；三听其高谈阔论而仍疑其贤；四惊闻其诋毁范仲淹，于是长期积压在心头的疑问遂决：高若讷决非真君子!继而从各个方面加以批驳和揭露。最后，作者光明磊落地表明自己的态度——不怕打击报复："愿足下直携此书于朝，使正予罪而诛之!"文章开头反复陈述自己内心活动的自述与末尾方正耿介的表白遥相呼应，使作者的形象呼之欲出。同一主题在欧文中几乎变成了个人飘逸风度的变奏。当然，韩文也有作者形象，但那种咄咄逼人的气势又令人无暇顾及。——从韩文到欧文，可谓化"雄"为"逸"。

《祭田横墓文》和《祭石曼卿文》都是借祭奠死者抒发情怀。不过，韩文引用古人古事只是作一发端，劈头便破空而来："事有旷百世而相感者，余不自知其何心，非今世之所稀，孰为使余歔欷而不可禁！"接着就在这种愤愤不平的基调中，古今对照，猛烈抨击当权者的不重视人才："余既博观乎天下，曷有庶几乎夫子之所为；死者不复生，嗟余去此其从谁！"但作者并不沮丧，依然充满豪迈气概："苟余行之不迷，虽颠沛其何伤！"欧文据说也有寄托——因为作者写作此文时正罢参知政事，但却含而不露，从头到尾萦回着的是一种"剪不断，理还乱"的绵邈深情："感念畴昔，悲凉凄怆，不觉临风而陨涕者，有愧乎太上之记忘情！"说自己无论如何也做不到像圣人那样忘情——摆脱烦恼。文章中间更通过对墓地荒凉景象的渲染，将这种哀感凄情衬托得历历如在目前：

> 奈何荒烟野蔓，荆棘纵横，风凄露下，走磷飞萤？但见牧童樵叟，歌吟而上下，与夫惊禽骇兽，悲鸣踯躅而咿嘤……

欧文比之韩文，可谓雄心摧于弱情，壮图终于哀志。——从韩文到欧文，可谓化"气"为"情"。

《祭十二郎文》和《泷冈阡表》，同称千古祭文之创调。韩文打破四言格式，以散体语句直抒胸臆；欧文又打破直抒胸臆的格式，以叙事言哀。在韩文中，作者将自己与老成叔侄间关系的生活片断，闻知侄子死耗的经过，自己的未老先衰，老成的壮年而逝，以及哺育死者家眷的誓愿，琐琐絮絮，用炽热的感情融为一片，来反复抒写自己对亡侄的悼念之情。如其中这一段：

> 吾行负神明，而使汝夭，不孝不慈，而不得与汝相养以生，相守以死，一在天之涯，一在地之角，生而影不与吾形相依，死

而魂不与吾梦相接，吾实为之，其又何尤，彼苍者天，曷其有极！

于叨絮中见奔放，于沉痛中见雄肆，感情的喷薄，似火山爆发，不可遏止。而在欧文中，作者则相对集中地记述了考妣的二三事，父亲的治教之诚和断狱之仁，母亲的处穷而泰然自若；在不施藻饰的白描叙事中，宛曲地表达自己凄恻的心情。如记述父母生前的一段对话：

> 汝父为吏，尝夜烛治官书，屡废而叹。问之，则曰："此死狱也，我求其生不得尔！"吾曰："生可求乎？"曰："求其生而不得，则死者与我皆无恨也，矧求而有得耶！以其有得，则知不求而死者有恨也。夫常求其生，犹失之死，而世常求其死也。"

文中虽未直接言情，但在纡余委备的述说中，其父的恻隐之心跃然纸上，作者悲天悯人的愁肠溢于言表，读来意味无穷。——从韩文到欧文，可谓化"直"为"曲"。

韩愈的《新修滕王阁记》，是未临其境而凭想象作记。无论出于何种匠心，作者总不肯多在自然景物上落笔，对滕王阁胜景只在开头括出一句："江南多临观之美，而滕王阁独为第一，有瑰伟绝特之称。"以下便回环作态，反复申述自己几次想去而不能的遗憾，中间虽提到滕王阁前后的兴废景象，也质简之极："栋楹梁桷板槛之腐黑挠折者，盖瓦级砖之破缺者，赤白之漫漶不鲜者，治之则已，无侈前人，无废后观。"寥寥数语，佶屈聱牙，不见丝毫声色。相反，机杼出自前者的欧阳修《真州东园记》，却写得轻柔妙曼，绰约多姿。作者将作记原由有意安排在开头和结尾，以腾出文章的中幅位置，借助于求记者所送之图，竭尽想象之能事，对真州东园的自然景色作了淋漓尽致的刻画。全文仅 500 余字，写景部分就占一半以上。且看其中这一段：

芙蕖荟荷之的历，幽兰白芷之芬芳，与夫佳花美木列植而交阴，此前日之苍烟白露而荆棘也；高薨巨桷，水光日影动摇而上下，其宽闲深靓，可以答远响而生清风，此前日之颓垣断堑而荒墟也；嘉时令节，州人士女啸歌而管弦，此前日之晦冥风雨鼪鼯鸟兽之噪音也。

写真州东园兴建前之荒废，冷清凄迷；写真州东园兴建后之风光，明秀旖旎。真是穷妍极态，绘声绘色。——从韩文到欧文，可谓化"质"为"丽"。

《送高闲上人序》和《释秘演诗集序》，推远浮屠之意相同，格局则大不相同。韩文以言理为主，开头提出文章的主意：要在技艺上有所成就，必须具备两个条件，一是把握事物的客观规律，二是专心致志；接着用圣人治天下，工匠治艺，特别是"张旭善草书"加以佐证；进而断言作为浮屠的高闲并不能学好草书，因为"一死生，解外胶"的浮屠既逃避现实，又不可能持之以恒；末尾平添一笔："然吾闻浮屠人善幻，多技能，闲如通其术，则吾不能知矣。"用表面赞肯的话语表达进一步的讥讽之意。全文章法紧健，四层次，五段落，不用转折过渡词语，而纯以主意贯通，如断峰层岭，峭拔壁立，同时多用排比行文，刚劲、简捷、迅急，寓简明的用心于拙劲的布局。欧文则以叙事为主。作者替浮屠秘演的诗集作序，却不提其作品半字，而从"太平盛世难得怪伟之士"娓娓道来，先引出石曼卿，然后再由石曼卿引出释秘演，着重描述其性格、才能、爱好，并叹其"习于佛无所用"以及老而不得志的境界，寓批评于惋惜之中。文中凡涉及自己与释秘演的关系处，有意将石曼卿横插其间：与秘演的结识通过石曼卿，与秘演的交往以石曼卿作陪，赞扬秘演诗词自己不出面，却借石曼卿之口；处处自占身份，暗示与佛有别，划清界限。全文层次段落衔接紧密，移步换形，峰回路转；运笔似行云流水，如茧抽丝，轻柔

妙曼。用心之深曲，格局之纤巧，与韩文形成鲜明对照。——从韩文
到欧文，可谓化"拙"为"巧"。

据洪迈分析，欧阳修《醉翁亭记》的一些描写是出自韩愈的《送
李愿归盘谷序》，只是二者有繁简的不同而已。如下面这两处：

> 坐茂树以终日，濯清泉以自洁。采于山，美可茹；钓于水，
> 鲜可食。
>
> ——《送李愿归盘谷序》

> 野芳发而幽香，佳木秀而繁阴……临溪而渔，溪深而鱼肥；
> 酿泉为酒，泉香而酒冽；山肴野蔌，杂然而前陈……
>
> ——《醉翁亭记》

从两段文字的描写内容来看，确实无大差别，但在语言形式上，既有
繁简的不同，更有节奏语速的不同。前一段少用虚词，四个三字句，
既两两相对，构成对偶，又一气贯注，形成排比，加上音调的铿锵、
和谐、多变，节奏显得强烈而急促。后一段则几乎句句加入一个虚词
"而"字，前两个六字句也自然成对，后三组上四下五的句子也构成
排比，加上每对句子都是上轻下重，上沉下浮，读起来抑扬顿挫，节
奏也很鲜明，但却是一种优游不迫，一唱三叹的格调。——从韩文到
欧文，可谓化"促"为"徐"。

在前面提到的《争臣论》和《与高司谏书》两篇议论文中，同时
有一个二难推理的逻辑形式，而且意思非常接近。它们是：

> 且阳子之不贤，则将役于贤以奉其上矣。若果贤，则固畏天
> 命而悯人穷也，恶得以自暇逸乎哉！
>
> ——《争臣论》

且希文果不贤耶，自三四年来，从大理寺丞至前行员外郎；作待制日，日备顾问，今班行中无与比者。是天子骤用不贤之人？夫使天子待不贤以为贤，是聪明有所未尽。足下身为司谏，乃耳目之官，当其骤用时，何不一为天子辨其不贤，反默默无一语，待其自败，然后随而非之？若果贤耶，则今日天子与宰相以忤意逐贤人，足下不得不言。是则足下以希文为贤，亦不免责；以为不贤，亦不免责。大抵罪在默默尔。

——《与高司谏书》

前一个二难推理构成简单，省略了选言前提，从两个假言前提"贤"与"不贤"来直接非难对方；其逻辑形式无可指摘，但用"畏天命而悯人穷"来指责阳城的失职，大而不当，有以势压人之感。后一个构成复杂，将范仲淹的才能出众，天子和宰相对待贤臣的不同态度，高司谏的所作所为，全部有条不紊地交织在一起，在各种复杂的联系中夹击对方；加上两个假言前提陈述得尤为详尽，选言前提又加以重复强调，全无空疏之语，结论便显得确凿不移，很具说服力。这一个二难推理，逻辑之严密，组织之完备，表述之精确，在古典政论文中恐怕绝无仅有。——从韩文到欧文，可谓化"粗"为"精"。

从以上分析可以看出，刚健、雄正、愤激、壮直、质木、拙劲、迅急、疏括……大抵代表韩文风格的一些特征；柔婉、飘逸、哀婉、委曲、轻丽、纤巧、纡徐、缜密……大抵代表欧文风格的一些特征。两组特征一一对应，旗鼓相当，平分秋色，在一定程度上构成韩欧文风的互异形态。

按照现行的风格理论，韩欧文风的成因无非是时代社会背景和个人经历互动作用（interaction）的表现结果。的确，从唐宋的时代社会背景和韩欧的个人经历，我们不难找到有关韩欧文风互异的一些解释。但亦不尽然。若论时代社会背景，遭受安史之乱而危机四伏、一度中兴又每况愈下的中唐后期形势，恐怕无论如何也比不上虽积贫积弱但毕竟处于积极上升时期的大一统宋初王朝，但韩文那种固有的劲悍木强作风，在欧文中听不到回响；若论个人经历，欧阳修基本上是平步青云，仕途上的一些舛错与坎坷，恐怕无论如何也比不上韩愈一生的屡遭打击以致险象环生，可笼罩着欧文的那种浓烈的哀叹气氛，在韩文中却烟消云散。

苏联的卡冈在《美学和系统方法》一书中提出："风格是文化电码的直接载体……在所有场合下，风格成为文化的艺术符号。"艺术的风格，在相当程度上，就是文化的风格。

因此，欧阳修规模韩愈而文风发生严重变形乃至互异的现象，实质上就是中国古代，尤其是唐宋以前南北文化差异的折光反映。刘师培在《南北学派不同论》中指出"崛起于北陲"的韩愈，固非作为南人的欧阳修所能仿效；已在韩欧之间划了一条南北鸿沟。下述事实为刘师培的判断提供了一个重要确证：最早推赏韩文的恰是北人，而最早推赏欧文的恰是南人。《旧唐书·韩愈传》说："泊举进士，投文公卿间，故相郑余庆颇为之延誉，由是知名于时。"郑余庆是唐时北方最有权势的豪门荥阳（今河南郑州）郑家的一员。《欧阳修禅道碑》说："将举进士，为一时偶丽之文，已绝伦辈。翰林学士胥公（胥偃）时在汉阳，见而奇之，曰：子必有名于世。"胥偃是宋时南方潭州长沙（今湖南长沙）人。

韩愈、欧阳修这一相通而又相反的"两极"，正联结着中华民族的"南北极地"——古代南北文化。

四 关于文化

当我们要寻找文化时，它仿佛像空气，除了不在我们手中以外，它无所不在……

——[美国] 克鲁伯和克罗孔：《关于文化的概念和定义的检讨》

探讨中国南北文化问题，首先要弄清文化的概念。说起文化概念，也许多此一举。"文化"，谁不知道？但是，要完全弄懂文化的含义，并非易事。

时至今日，谈论文化，似乎已成一种时髦。我们只要稍稍留意一下，无论学术界，还是报纸、杂志、书籍、课堂、电视，乃至街谈巷议私下吹牛中，"文化"一词，连篇累牍，不绝于耳；冠以"文化"的词语，层出不穷，比比皆是。什么中国文化、西方文化、儒家文化、道家文化、精英文化、大众文化、茶文化、酒文化、性文化，甚至连厕所也要带上"文化"二字。似乎不谈文化就没有文化！

事实上，文化这个词并不是像人们"想用就用"那么简单。作为一个学术概念，文化既不是从前所说的小学文化、中学文化、大学文化，那是指一个人的知识程度；也不是指现在时兴的打双抠、打网球、打保龄球，或者一伙人坐在茶室里一边喝茶一边谈论奥运会中国夺金牌的话题，那是把文化缩小到了不能再小的地步。文化，是迄今为止人们争议最大的一个概念，也是人们谈论越来越多的一个话题。人们不断地给文化下定义，不断地诠释，不停地争论，但至今也没有一个统一的说法。

据统计，目前世界上关于文化的定义有 260 种之多。但是，说得最精妙最贴切也是最经典的要数美国学者罗威勒，他说："在这个世界上，再没有别的东西比文化更难以捉摸了。我们不能分析，因为它的成分无穷无尽；我们不能描述，因为它的形态千变万化。可是，当我们要寻找文化时，它仿佛像空气，除了不在我们手中以外，它无所不在。"① 这段话再生动不过地揭示出了文化的特性：文化就在我们身边，就是我们自己；它是一种普遍现象，普遍存在，虽然说不清道不明，但是可以意会，可以体会得到。

有这样一个流传的笑话。丈夫出远门归来，正好碰上自己的妻子和一个男人偷情。假如是一个中国人、一个法国人、一个德国人，各会是什么态度？中国人是大怒，持刀冲进去说："杀了这对狗男女！"法国人是彬彬有礼地对那男子说："谢谢您，在我不在的这些日子里，您解除了我妻子的孤独和寂寞。"德国人则若无其事地说："我回来了，你该走了。"他们处理此事的方法虽然大不一样，但肯定都认为自己的做法是最文明的。这从一个侧面说明不同的国家和民族，有不同的道德规范和文化传统。

美国人类学家基辛在《当代文化人类学》一书中开篇讲了一个真实的故事：一位保加利亚籍的主妇，她丈夫是美国人，有一次举办晚餐，招待她丈夫的朋友。当客人把自己盘子里的菜吃完以后，主妇就问客人，要不要再来一盘。因为在保加利亚，如果女主人没有让客人吃饱的话，那是一件很没面子的事。客人中有一位亚洲籍的学生，吃了一盘又一盘，直到吃了第四盘。女主人感到很奇怪，忐忑不安地到

① ［美］克鲁伯和克罗孔：《关于文化的概念和定义的检讨》，转引自张中利、宗文举《中西文化概论》，天津大学出版社 2002 年版。

厨房准备了一盘又一盘。结果，当这位亚洲籍学生吃第四盘的时候，由于吃得太多，竟然撑得摔倒在地上。因为在他的国度，宁可撑死也要吃完，否则就是看不起女主人。这说明不同的国家和民族，有不同的风俗习惯和交往方式。

还有人编过这样一个笑话。有一次，某个国际组织以《大象》为题举办一个征文比赛，美国、英国、法国、德国、俄罗斯、中国、意大利等国家分别提交了文章。美国人写的是《象与驴之战》，英国人写的是《英国统治下的非洲猎象事业》，法国人写的是《象的恋爱观》，德国人写的是思辨性很强的论文《关于象之研究》，俄国人写的是《俄罗斯之象——世界之最》，中国人写的是《象群的"伦理纲常"》，意大利人写的是诗歌《象啊，象……》。这说明不同的国家和民族，有不同的历史传统和思维模式。

这些谐语、故事、笑话，都表现了不同国家、不同地区、不同民族具有不同的国民性格、精神风貌、道德规范、伦理关系、价值观念、历史传统、思维模式、生活方式、风俗习惯，等等。这就是文化！

文化一词，最早来自英文，在英语中叫 Culture，它是从拉丁语演变来的，原意是耕种、栽培、居住、练习、加工、照料的意思，在英语中表示耕种、栽培、种植之意，并由此引申为对人的培养、教育、训练等。1871 年，英国人类学家泰勒在《原始文化》一书中提出了一个关于文化的经典定义：文化"乃是包括知识、信仰、艺术、道德、法律、习俗和任何人作为一名社会成员而获得的能力和习惯在内的复杂整体"。这是关于文化的最早界说。

中国古代也有文化一词。分开来看，"文"的本义，是指由各种颜色交错而成的花纹，这就是《周易》中说的"物相杂故曰文"①，也就是把不同的事物交错排列在一起，从而形成各种

---

① 《易·系辞下》。

各样的纹理。"化"的本义是生成、造化、形成，指事物的一种动态的变化过程，《周易》有言，"男女构精，万物化生"①，由于男女的结合，才产生了人类。而把"文""化"二字联系起来使用，最早见于《周易·象传》中的这一段话："观乎天文，以察时变；观乎人文，以化成天下。"所谓天文，就是指大自然的规律，诸如日出日入、冬去春来、潮起潮落；所谓人文，就是指人类社会的规范，生活中人与人之间错综形成的关系，诸如君臣、父子、夫妇、兄弟、姐妹、朋友等，它们就像一些外表上有纹理的东西，构成一个复杂的网络，即社会关系。治理国家，既要观察天文，以了解自然节候的变化，也要观察人文，以推行教化，使人们的言谈举止合乎文明规范，不该说的不说，不该做的不做；也就是说，不说不文明的话，不做不文明的事。司马迁有一句名言："究天人之际，通古今之变，成一家之言。"分开来讲，前者就是"文"，后者就是"化"。西汉以后，"文"与"化"合成一个整词。西汉学者刘向在《说苑》中说："圣人之治天下也，先文德而后武力。……文化不改，然后加诛。"②如果那些落后地区经过教化还不改变野蛮习性的话，就要用武力加以征服。魏晋南北朝时期的一部诗文集《昭明文选》的《补亡诗》中有这样的说法："文化内辑，武功外悠。"只有对内加强文治教化，对外才能收军事上之实效，使异族佩服，自然归顺。这里的文化，是与天造地设的自然相对举，与野蛮相对举（见图表3：文化与自然、野蛮的对比）。中国古代所谓文化，主要指文治教化，即运用文物典籍和礼乐制度，来教育和感化人们，它专注于人类的精神创造活动。

---

① 《易·系辞下》。
② 《说苑·指武》。

图表3　文化与自然、野蛮的对比

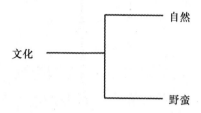

日常生活中，我们常把文化、文明、人文三个词混为一谈，其实它们之间有一定区别。一般说来，文明的概念要比文化宽泛一些。《周易·象辞》中说："文明以止，人文也。"《礼记·乐记》中说："情深而文明。"唐代学者孔颖达解释说："经天纬地曰文，照临四海曰明。""文明"是说，人类的物质创造活动，尤其是对火的利用进而扩展到人类的精神创造活动，就像火光普照大地一样，它是兼顾物质文化和精神文化两个方面说的，而不仅仅限于精神文化。我们之所以把中国、埃及、巴比伦、印度称为四大"文明古国"，而不称为"文化古国"，原因就在这里。这是文化与文明的区别。至于文明与人文的区别，按照国学大师钱穆的说法，人文是文明的"花样"，是文明的制度化规范。比如，人类从原始群居进入一夫一妻的婚姻生活的时候，就是文明的开始，用西方学者维柯更形象的话来说，当男人把女人拉进山洞，而不是在光天化日之下做那事的时候，就是文明的开始。而对夫妻关系作出的一些规定，比如不能乱伦，不能通奸，不能嫖娼，不能搞婚外恋，要彼此承担责任，等等，就叫做人文。总的说来，文明和人文的概念都比文化宽泛。当然，文化、文明、人文有时候又是相通的，特别是当它们用来指人类的精神创造或者意识形态的时候，比如现在我们常说的人文社会科学，指的就是有关意识形态的学问。

可以看出，中国古代"文化"一词的内涵与英语 Culture 基本相同，不同的是中国古代的"文化"一开始便专注于精神活动领域，而

英语 Culture 则是从物质生产领域引申到精神活动领域，含义要比
"文化"一词宽泛，倒是同汉语中的"文明"一词更为接近。

　　人们迄今认识到，人类在从动物向人演化的过程中，逐步形成了
与大自然规律相联系而又有区别的人类社会规律，这就是文化的创造
过程。在文化创造中，人是主体，自然是客体，文化便是主体与客体
在实践中的统一。因此，文化包括的范围很广，几乎与大自然相对的
与人类社会有关的一切东西都是文化。衣食住行是文化；视听言动是
文化；长袍马褂和比基尼泳装是文化；哥特式建筑和苏州园林是文
化；非洲原始部落的独木舟和中国"神舟"五号载人火箭是文化；中
国古代的贞节牌坊和现代妇女解放是文化；古代出土的编钟音乐和时
下流行的街舞是文化；"肯德基"和北京烤鸭是文化；"父母之命，媒
妁之言"的包办婚姻与自由恋爱是文化；动荡不安、不停追求的浮士
德精神和"存天理，灭人欲"的宋明理学是文化……诸如此类，无不
是文化。

　　大家想一想，什么东西不是文化呢？天然的石块不是文化；野生
的树木和果实不是文化；大自然的山川河流不是文化；电闪雷鸣、风
花雪月不是文化；一块土地，在没有人耕种以前，处于自然状态，也
不是文化。但是，文化与非文化的界限也不是绝对的。大自然一旦同
人发生联系便成为文化。天然的石块被原始人打制成石器石斧是文
化；野生的果实被人采来充饥便成为文化；土地一旦有人耕种也成为
文化；引起人们美感的湖光山色、风花雪月是文化；当原始人把电闪
雷鸣想象成为神灵时，电闪雷鸣也是文化，如中国古代传说中风伯雨
师的说法，风伯管风，雨师管雨，它们都是人想象出来的，也便成了
文化……

　　因此，一般的自然物不是文化，但是经过了人类的改造制作，满
足了人的需要，寄托了人的感情，打上了人的烙印的东西就是文化。
人与文化形影不离：没有文化，人不成其为人；没有人，文化不复存
在；人是文化的结果，也是文化的起点；人创造文化，文化也塑造

人。因此，文化的本质就是"人化"，用一句通俗的话来说，就是"离畜生越远的东西越文化"，即孔子所谓"人而化之"，黑格尔所谓"人最高贵的就是使自己成为人"；或者说，"自然的人化"即文化。

文化概念有广义与狭义之分。《中国大百科全书》说："广义的文化是指人类创造的一切物质产品和精神产品的总和。狭义的文化专指语言、文学、艺术及一切意识形态在内的精神产品。"广义文化接近"文明"的概念，主要是根据人与自然界的区别提出来的。梁启超说："文化者，人类心能所开释出来之有价值的共业。"① 胡适说："文明是一个民族应付他的环境的总成绩"；"文化是一种文明所形成的生活方式"②。梁漱溟说："文化并非别的，乃是人类生活的样法。"钱穆说："文化即是人生，文化是我们大群集体人生一总和体，亦可说是此大群体人生－精神的共业。"③ 这里所说的"共业"、"总成绩"、"生活方式"、"生活的样法"，等等，都是广义文化的含义。概言之，人类创造的一切物质财富和精神财富的总和即广义文化。考古学上的文化比较接近于广义文化，如仰韶文化、龙山文化、玛雅文化、彩陶文化、黑陶文化等，它们都是在广泛的意义上使用文化这个概念的。广义文化又称"大文化"。

而狭义文化则接近于我们所说的意识形态。狭义文化主要指人类在实践中所创造出来的精神财富，包括社会的上层建筑及其意识形态，大多数情况下专指意识形态。毛泽东在《新民主主义论》中说："一定的文化（当作观念形态的文化）是一定社会的政治和经济的反映，又给予伟大影响和作用于一定社会的政治和经济。"④ 这里所说的文化就是狭义文化。中国古代的文化概念，主要指文治教化，也基本属于狭义文化。我们常说的儒家文化、道家文化、佛教文化，都是狭

---

① 梁启超：《什么是文化》。
② 胡适：《我们对于西洋近代文明的态度》。
③ 钱穆：《中华文化十二讲》。
④ 《毛泽东选集》第 2 卷，人民出版社 1990 年版，第 663 页。

义文化。狭义文化又称"小文化"。我们过去谈的文化基本上是小文化，而"文化热"以后，大家谈论的文化大多是大文化。

广义文化有一个结构问题。关于文化的结构，有多种说法。有两分说，把文化分为物质和精神两个层面；有三分说，把文化分为器物、制度、精神三个层面；有四分说，把文化分为物质、制度、风俗习惯、思想和价值观念四个层面；有六分说，把文化分为物质、社会关系、精神、艺术、语言符号、风俗习惯六个层面，等等。我们讨论中国南北文化，主要采用目前比较通行的三分说，也就是把文化分为器物文化、制度文化、精神文化三个层面。

"器物文化"，指人类对自然事物进行加工后创制出来的各种各样的器物。它是人类生产活动及其物质产品的总和，满足人的最基本的衣食住行的需要，反映人类认识、改造和利用自然的程度，如生产工具和生活用品，等等。

"制度文化"，即指人与人之间处理相互关系的准则。人类在进行物质生产活动的同时，又创造出一个为他们自己服务，并约束他们自己的社会环境，也就是一系列处理人与人之间相互关系的准则，并被总结为社会的各种制度，诸如经济制度、政治制度、法律制度、教育制度、婚姻制度，等等。制度文化的核心是政治文化。

"精神文化"要复杂一些，是指人类在长期社会实践中孕育出来的价值观念、思维方式、审美情趣，等等。精神文化又分为社会心理和意识形态两个方面。社会心理就是人民群众日常的精神状态和思想面貌，即流行的大众心理，如人们的要求、愿望、情绪、情感、情结，等等。如当今社会普遍存在的浮躁心理，急功近利，等等，都是比较典型的社会心理。意识形态则是经过加工的社会心理，由科学家、艺术家、学者、作家对社会心理进行归纳、概括、整理，用物化的形态如著作和艺术作品的形式，把它们固定下来，流传后世，如一些文化典籍，世界性的名著名画等。精神文化是文化的核心，又称"深义文化"。

研究文化，要特别注意社会心理这个东西。因为意识形态不是直接与社会存在发生关系，而是要通过社会心理这个中间环节。意识形态"太高"，社会存在"太低"，而社会心理"高不成，低不就"，雅俗共赏，人们最容易感受得到。把握了社会心理，也就不难理解意识形态和社会存在。比如有一个说法，"50年代人帮人，60年代人斗人，70年代人整人，80年代个人顾个人"。虽然有片面之处，但非常集中地概括了建国五十多年来各个不同时期人与人之间关系的特点。对腐败的痛恨也是当前一种普遍的社会心理。我国当前的腐败现象相当严重。当前讽刺腐败的顺口溜之所以层出不穷，正反映了人们这种普遍的社会心理。

图表4　文化的结构

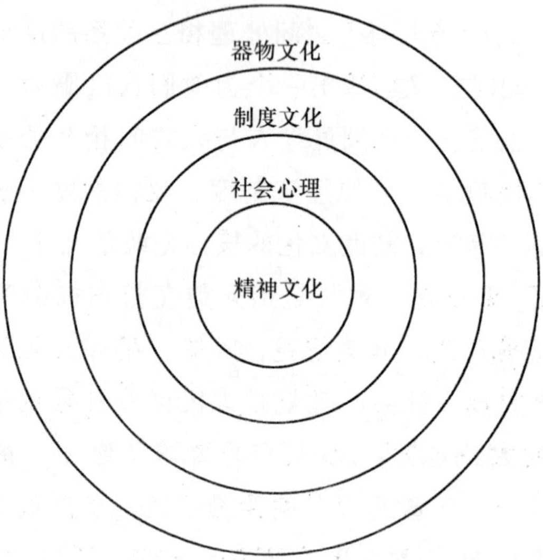

文化的结构无论分几个层次，其核心问题都是价值观的问题。不论哲学宗教、科技教育、文学艺术、伦理道德、风俗习惯，等等，无不折射出某种价值观念，反映出一个民族固有的文化心理特征。不同民族文化的差异，最根本在于价值观念的差异，而价值观最集中地体现在精神文化这个层次。

如果我们把文化三分说画成一个图，它就像一个由多层圆圈组成的环形结构（见图表4：文化的结构）。在这个环形结构中，越靠近圆心，圆周长越短，受众就越少，精神因素便增多，文化密度便加大。相反，离圆心越远，圆周长越长，受众就越多，精神因素便越疏松，文化含量也逐渐减少。不过，精神因素越多，文化密度越大，心态特征越强，稳定性便随之增加，保守性也就越强。文化变革，最难的就是文化观念的变革，原因就在这里。

关于文化的概念，概括地说，就是指人类所进行的一切创造活动及其成果，包括物质财富和精神财富；既指一种过程，也指这个过程的结果。简言之，人类实践的能力、方式及其成果的总和即文化。它包括三个层次：器物文化、制度文化、精神文化；而价值观念，或者说精神文化，则是文化的核心。这就是文化概念的全部内容。

弄清了文化概念，下面我们回到中国南北文化问题。

五　韩愈、欧阳修与先秦南北文化

中国文化自先秦分成南北两派后，各种学术思想无不出此两派。

——王国维：《屈子文学之精神》

提起古代南北文化，至今是一笔糊涂账。且不说人们的研究大多是零星的、片断的和不完全的；就现有的一些观点来看，也是各执一隅，众说纷纭，龃龉不合。更主要的是，问题本身又的确是那么复杂，变幻莫测，令人难以捉摸。其中，问题最多的是南北文化规范的划分。例如，有人将《诗经》划归北方，又有人将其一分为二，把《周南》、《召南》划在南方，其他划在北方。《淮南子》，有人据其内容把它划归南方，有人据其文体把它划在北方。三晋文化，有人说是南方文化，有人说是北方文化。先秦文化，有人分成南北两派，有人分成北中南三派。汉代文化，有人说是南北合一，有人说是远北近南，还有人认为是远南近北，等等。而事实上，有一些文化规范本身也游移不定，在南北一线上下浮动。如产生于先秦北方的《周易》，魏晋以后却成为南人喜治的课题；辞赋和对偶的形式，最早也萌发于北方，到了魏晋南北朝，却演变成上四下六的骈文，成为典型的南方规范……

然而尽管如此，大概人们谁也不否认南北文化是互为区别、自成体系的客观存在。因为文化是一种相对保守、稳定、静止的惰性系统，它一旦形成，外部影响便很难中断其自身的延续。惟其如此，才有不少人仍在这方面思考、分析、探索、研究，并提出了不少有价值的看法。就笔者所知，迄今为止，谈论南北文化较多的有刘师培、梁启超、王国维、林语堂、任继愈、李泽厚等人。

其中最全面而又最片面的是刘师培。刘师培在《南北学派不同论》中，对中国古代包括诸子、经学、理学、文学、考据等在内的几乎所有学术文化领域都作了一刀切的南北划分。在他看来，每一作家、学者、作品、流派，不属南就属北，此外别无中间一派。其划分南北的标准主要是依据作品产地和作者籍贯。虽然就大部分划分来说言之成理，但那种"一刀切"的简单做法并不可取，不免使一些划分显得牵强附会。

最全面而又最灵活的是梁启超。他借助于西方人文地理学的观点，对中国自古至今的南北人文生态作了简要分析，并在此基础上概括出南北在哲学、文学等意识形态方面以及社会心理方面的差异，而不一一分析具体作家。他指出，自《史记·货殖列传》记载南北风俗差异以来，这种差异至近代依然存在。他用力最多的是先秦文化，几乎对先秦所有学派都作了南北划分，认为除了较单纯的南派和北派外，还存在北南派，而北南派基本上属于北派。难能可贵的是，他还将中国的南北差异同西欧的南北差异作了一定比较。①

相比之下，王国维、林语堂、任继愈、李泽厚等人的研究显得精粹、独到、深刻，有不少真知灼见。王国维在《屈子文学之精神》中简要地概括了南北学派的基本特征后指出：南北文化实际上是处于交错状态，北中有南，南中有北；就屈原这个南方文化的主要代表人物来说，他身上也带有北人"肫挚"的性格和儒家思想影响的痕迹；中国学术文化自先秦分成南北两派后，后之学术思想无不出此两派，或

---

① 其主要观点见于《中国地理大势论》及《论中国学术思想变迁之大势》等文章。

出此混合二派。

林语堂在《中国人》一书中认定，中国南北分属于两个种族、两种血统，"粗犷豪放的北方，温柔和婉的南方"是其大致区别。他在该书中写道："南方与北方的中国人被文化纽带连在一起，成为一个民族。但他们在性格、体魄、习俗上的区别之大，不亚于地中海人与北欧日耳曼人的区别。"

任继愈在《中国古代哲学发展的地区性》一文中提出：中国古代南北文化有三个表现最突出的时期——先秦、魏晋南北朝与明清。先秦时期，北方文化有邹鲁、三晋、燕齐，南方文化有荆楚。北方文化以孔孟为代表，注重人际关系；南方文化以庄骚为代表，注重人与自然的关系。南方文化对中国文化的最大贡献，是它在打破传统、解放思想方面所起的巨大作用。老庄玄学在中国南方有广泛市场。中国哲学如果沿着老庄这一路线发展下去，当代中国哲学可能会是另一种面目。文中对哲学思想与地理环境的关系有不少精辟论述，并认为地理环境不仅是指自然条件的总和，而且包括民情风俗与社会心理。

李泽厚的观点别具一格。他认为，汉代文化实际上是沿着楚文化这一路线发展而来。南方文化的集中代表庄骚，前人认为二者冰炭不相容，他认为恰恰息息相通；过去认为魏晋南北朝时期的南方文化是儒、道合流，他认为是庄、屈、儒的合流。他还认为，魏晋风度不仅是魏晋时代的产物，它从汉代延至南朝宋末；而在文学中的反映则是浓厚的"哀叹之音"，等等。①

遗憾的是，上述观点都未作进一步的阐释和发挥，大多只是片言只语，点到为止。"君子于其所不知，盖阙如也。"

在本书中，我们将综合上述观点，并间以己见，来探讨韩欧文风与南北文化的关系问题。

唐宋以前，南北文化有两个表现最突出的时期：先秦和魏晋南北

---

① 参见其《美的历程》及《古典文学札记一则》等著述。

朝。我们就以此参照系，来查证韩欧与南北文化联结的"蛛丝马迹"。

先秦时期的南北文化，梁启超制定过一个颇为详尽的谱系表，它大致如下（见图表5：先秦学派谱系表）：

图表5　先秦学派谱系表

北 派	邹鲁 （北派正宗）	孔子 （六经）	孟子	其他儒学门徒
			荀卿	
	齐 （北东派）	管子		
		邹衍及其门徒		
	秦晋 （北西派）	申不害、商鞅、韩非		
		李悝		
	宋郑 （北南派）	墨翟、宋径及其门徒		
		邓析、惠施及其门徒		
南 派	荆 楚	老子 （南派正宗）	庄子、列子	及其门徒
			杨朱	
		（南派支系）	许行	
			屈原、宋玉 （《楚辞》）	

这个谱系表的内容虽然有些复杂，但不难看出，最能代表先秦南北文化的，北方不过孔孟六经而已；南方不过老庄屈宋即庄骚而已。

韩愈以复古者自居。从他的创作主张和实践来看，其复古对象大多为先秦北方文化规范。他在《上宰相书》中说："所读皆圣人之书，杨墨释老无所入于其心；其所著皆约六经之旨以成文。"在《上兵部李侍郎书》中说，自己一生"穷究于经传史记百家之说"。在《进学解》中，他还具体开出一个他创作古文所取法的书目："作为文章，其书满家：上规姚姒，浑浑无涯；周《诰》、《殷》、《盘》，佶屈聱牙；《春秋》谨严，左氏浮夸；《易》奇而法，《诗》正而葩；下逮《庄》、《骚》，太史所录，子云相如，同工异曲。"提到的著作有《尚书》、《春秋》、《左传》、《周易》、《诗经》、《庄子》、《楚辞》、《史记》，以及扬雄和司马相如辞赋，可见皆以经传为主。至于他对孔孟，尤其是孟子的推尊，更是自不待言。他认为，孟子的辟杨墨"功不在禹下"；把孟子对杨朱（南方学派）和墨子（北南派）的批判看作是跟大禹治水一样彪炳千秋的历史功绩。他提出的那个流传久远的道统思想，据说就是受《孟子》卒章某些论述的启发而来。《孟子》末尾一章说：尧舜之道，由商汤传给周文王，由周文王传给孔子，从尧至孔子，前后一千多年，"道统"尚未中断；由孔子至现在才一百多年，却无人加以继承。韩愈在《原道》中说：先王之道，尧传给舜，舜传给禹，禹传给汤，汤传给周文王、武王、周公，周文王、武王、周公传给孔子，孔子传给孟轲，"轲之死，不得其传焉"。两者意思十分相近，《原道》几乎完全套用《孟子》的思路。韩愈生平也特别见出"孟子行踪"，遑遑于仁义，尊儒学，辟佛老，制藩镇，拥君权，行仁政，倡古文，与世抗争，"力行而不惑"。创作亦然，有不少人指出，韩文实际上是学孟子，其气势充沛与孟子文章如出一辙。

诚然，韩愈提到过"两汉之书"。但前人一般认为他更多得力于周秦；方苞评韩文说："其辞熔冶于周人之书，而秦汉之间取者仅十一焉。"① 认为他对汉代的取法微乎其微。陈柱的《中国散文史》说："韩昌黎之抑扬顿挫学孟子，而句奇语重则法荀卿。"② 孟荀皆为先秦作家，而按刘师培观点，《荀子》亦属北方文体。

另外，韩愈也偶尔提到南方文化的代表庄骚。但就总体倾向看，庄骚并不成为他思想的主体构架。例如，韩愈和扬雄都标举"道德"，而道德这一概念源于老子。韩愈在集中宣扬其复古主张的《原道》中说："博爱之谓仁，行而宜之之谓义，由是而之焉之谓道，足乎己无待于外之谓德。仁与义为定名，道与德为虚位。"朱熹在评述这一段话时把它与扬雄作了比较后指出：看来道德在扬雄那里是老子原义，

① 转引自马通伯《韩昌黎文集校注》，古典文学出版社 1957 年版。
② 陈柱：《中国散文史》，江苏文艺出版社 1998 年版。

而在韩愈那里并无老子意思；韩愈不过是借道德的外壳来容纳儒家仁义思想的内容而已。

在韩文中，流露出老庄思想情绪的有《圬者王承福传》和《送高闲上人序》两篇。前者褒扬一位普通泥瓦匠人自食其力，不思仕禄，安于现状的行为；这或许是出于韩愈一时的心情，因为写此文时他正被"投闲置散"，担任四门博士的闲职，汲汲于功名而不可得。后者主张在技艺上要长期实践才能达到熟能生巧的地步；这一见解虽然源于庄子，却并不构成韩文的典型心境。

自然，韩愈也写过辞赋，如《感二鸟赋》、《复志赋》、《悯己赋》、《别知赋》等，但大多在句法上"步骤《离骚》，往往相似"，心态并不一致。钱基博在《韩愈志》中比较屈赋和韩赋的区别说："《离骚》雅壮而多风，故伦序而寡状，韩愈发轸以高骧，故卓出而多偏……《离骚》文丽而意婉，香草美人，比兴之辞多，韩愈情发而理昭，浩气直节，赋之意多。"韩赋的"浩气直节"和"横空出奇"，屈赋的"雅壮多风"和"文丽意婉"，显然大异其趣。现在看来，韩文最具骚体意味的倒是《柳州罗池庙碑》中末尾的一段文字了：

> 荔子丹兮蕉黄，杂肴蔬兮进侯堂。侯之船兮两旗，度中流兮风泊之。待侯不来兮不知我悲。侯乘驹兮入庙，慰我民兮不颦以笑。鹅之山兮柳之水，桂树团团兮白石齿齿。侯朝出游兮暮来归，春与猿吟兮秋鹤与飞。千秋万岁兮侯无我违，福我兮寿我，驱厉鬼兮山之左。下无苦湿兮高无干，粳稌充羡兮蛇蛟结蟠。我民报事兮无怠其始，自今兮钦于世世。

这一段写柳州人民祭祀柳宗元的场面，明显蹈袭屈原《九歌·湘夫人》中的那段描写："帝子降兮北渚，目眇眇兮愁予；袅袅兮秋风，洞庭波兮木叶下。"这是写等待情人而不来的情景。但两段描写既有不同地方风物带给读者心理感受上的差异，更有其本身心态上的差异：前者虽言悲，却又透露出耿介不平之气；后者则纯为一种幽独情怀，缠绵悱恻。

周荫堂《韩白论》说：韩愈不提及《楚辞》和陶渊明。这显然失之片面。但片面中却包含着独到的见解，即韩愈在内心世界上与楚辞并无多少牵涉，进而对与庄骚息息相通的陶渊明的冷漠，也就在情理之中。陶渊明的《归去来辞》，正是屈原《卜居》同一主题的变奏："屈子辞，雷填风讽之言；陶公辞，木荣泉流之趣。虽有一激一平之别，其为独往独来则一。"① 两人在遗世独立、洁身自好这一精神层面的追求上，是完全一致的。积极入世的韩愈自然与之迥然有别。

所以，韩愈之于庄骚，纵使不是格格不入，也是少有问津，或者浅尝即止，并未登堂入室，深入其精神世界。故刘熙载有云："昌黎自言'约六经之旨而成文'。'旨'字专以本领言，不必其文之相似。故虽于《庄》、《骚》、太史、子云、相如之文，博取兼资，其约经旨者自在也。"本领者，盖指精神实质及其方法技巧而言。

当然，韩愈毕竟是集大成者，"作为文章，其书满家"，不会完全与其他文化因素绝缘。"钩列、庄之微，挟苏、张之辩；撽班、马之实，猎屈、宋之英，本之以《诗》《书》，折之以孔氏。此成体之文，韩愈之所作是也。"② 不过他显然又是以六经孔孟为标准来定其取舍。因此，刘师培说，不论纯粹的南方庄列屈宋，界于南北的苏（秦）张（仪），合南北为一的班（超）马（司马迁），在韩愈那里都殊途同归，落脚到孔孟六经的主题上。换句话说，他是以孔孟六经为内核来弥纶包括南方规范在内的先秦两汉的"百氏之说"。

总之，韩愈在先秦众多的文化染色体（chromosomes）中，本质上汲取的是北方基因（gene）。"周情孔思，千态万貌"，可以说是对韩愈思想和创作作风的准确概括。

---

① 刘熙载：《艺概》。
② 秦观：《韩愈论》。

　　欧阳修的思想和创作虽然自认为继承了韩愈的衣钵，但在很大程度上又并未超越自先秦延续下来的南方文化体系。换句话说，他是以南方文化情境来同化包括韩愈在内的北方规范：心灵构造是南方的，北方规范只是叠加于其上的追加层次。因此，不论韩愈以及孔孟规范如何渗透到欧阳修的精神世界，其文化情境的南方底层——老庄屈宋，稳固不变。

　　目前研究韩欧的人普遍认为，欧阳修的"道"与韩愈一脉相承，不同的地方仅在于"致用"，即通过实践求"道"，将文章与实际相结合，为现实服务。这固然没错；但却忽略了这样一个显明的事实——欧道有老庄印记！

　　读《欧阳永叔集》，对老庄的溢美之词和趋同心理随处可见。其《老氏说》赞叹云："老子之书，比其余诸子，已为简要也。其于核见人情，尤为精尔……其言虽若虚无，而于治人之术至矣。"《红鹦鹉赋》和《秋声赋》表现出庄子养天全性的思想。特别是《秋声赋》中那段脍炙人口的感慨与描述："嗟乎！草木无情，有时飘零；人为动物，惟物之灵。百忧感其心，万事劳其形；有动乎中，必摇其精。而况思其力之所不及，忧其智之所不能……奈何非金石之质，欲与草木而争荣？念谁为之戕贼，亦何恨乎秋声！"《学书静中至乐说》和《非非堂记》表现出追求笃静的心理。前者云："学书不能不劳，独不害情性耳。要得静中之乐，惟此耳。"后者云："在乎人，耳司听，目司视，动则乱于聪明，其于静也，闻见必审。处身者不为外物眩晃而动，则其心静。心静则智识明，是是非非，无所施而不中。"最耐人寻味的是，其立意出自韩愈《原道》的《本论》，恰恰只批佛不批老，尽管韩愈原文是佛老并斥，这恐怕并非出于偶然的疏忽。他甚至明确说过："道者，自然之道也。生而不死，亦自然之理也。以自然之道，养自然之生，不自戕贼夭阏而尽其天年，此自古圣智之所同也。"[①] 认

————

① 《删正黄庭经序》。

为圣人之道包含有养天全性的成分，把孔孟的仁义之道等同于老庄的自然之道。

孔孟重仁义，老庄重自然；孔孟主张有为，老庄主张无为。这是儒道两家的根本区别。北宋以前，作《原道》篇的共三人：刘安、刘勰、韩愈。钱基博在《韩愈志》中分析三人的区别说：韩愈原道于仁义，二刘原道于自然；韩愈主张有为，二刘主张无为。三篇《原道》，立意不尽相同：韩愈祖述孔孟，二刘祖述老庄。这样看来，欧道虽与韩愈一脉相承，又与刘安、刘勰息息相关，具有南方色调。

即使老庄思想没有真正成为欧阳修道统的有机组成部分，其一生行事也特别见出老庄影响的印迹。他虽然同韩愈一样，积极入世，热衷于仕途经济，见出强烈的参政意识，支持范仲淹改革，指斥高若讷，实行"宽简"吏治，倡导诗文革新，辟佛教，抑时文；然观其一生，他的人生理想似乎并不在社会政治，而在世外自然。早在贬谪夷陵的青年时代，他就对山林生活怀有浓厚的兴趣，后来不无留恋地说："在夷陵，青山绿水，日在目前，无复俗景；琴虽佳，意则自适。及作舍人学士，日奔走于尘土之间，声利扰扰，不复清思；琴虽佳，意则昏杂，何由有乐趣？"① 43 岁时，他从广陵迁徙到颖州（在今安徽阜阳），便已生隐逸之志："爱其民淳讼简而物产美，土厚水甘而风气和；于时慨然已有终焉之意。"② 其后，"入为翰林学士，忽忽七八年间，归颖之志虽未遑也，然未尝一日稍忘焉"③。至于他一生无论仕途穷达而始终表现出来的对自然山水的热爱和向往，也跟隐逸思想和山林情怀一样，完全出自老庄思想的价值取向。《涌幢小品》载：欧阳修知扬州时，曾建平山堂，"负堂而望，江南诸山历历在檐楹间。公政暇辄往游，啸咏竟日而返"。关于这一点，还是宋人黄震一语破

---

① 丁传靖：《宋人轶事汇编》。
② 《思颖诗后序》。
③ 《序思颖诗序》。

的："公（欧阳修）虽亦辟异端，而不免归尊老氏，思慕至人。"①

至于欧阳修与屈宋的联系，人们多半只知道他那篇脍炙人口的《秋声赋》是沿用宋玉《九辩》的悲秋主题，而不知道他还有一篇仿效屈原《橘颂》的杰作《黄杨树子赋》。在这篇写于初贬夷陵时的骚赋中，作者借风姿绰约的黄杨树的独立深山，来委婉地表达自己峻洁的人格：

> 偏依最险之处，独立无人之迹……日薄云昏，烟霏路滴。负劲节以谁赏，抱孤心而谁识……无游女兮长攀，有行人兮暂息。节既晚而愈茂，岁已寒而不易……

这与屈原《橘颂》中对橘树的"绿叶素荣"、"青黄杂糅"、"精色内白"、"廓其无求"、"独立不迁"等美好品质的深情颂扬，确有异曲同工之妙。

其实，从欧阳修的整个散文创作来看，都具有相当的楚骚风调。刘熙载说："欧阳公几于史公之洁，而幽情雅韵，得骚人之旨趣为多。"② 王安石评欧文说："其清音幽韵，凄如飘风急雨之骤至。"③ 方东树说："欧公情韵幽折，往返咏唱，令人低回欲绝。"④ 欧文中《送杨寘序》对琴声幽渺凄厉的描述，《梅圣俞诗集序》对"穷而后工"道理的低回唱叹的陈说，就是最好证明。更主要的是，充满于欧文的浓厚的哀婉气氛，恰是对楚骚风调心理机制的一种全息再现。刘熙载说："欧阳公《五代史》诸论，深得畏天悯人之旨。盖其事不足言，而又不忍不言。言之怫于己，不言无以惩于世；情见乎辞，亦可悲

---

① 《黄氏日钞》卷五十九。
② 《艺概》。
③ 《祭欧阳文忠公文》。
④ 《昭昧詹言》。

矣。公他文亦多恻隐之意。"①　章学诚说："若《五代史》，只是一部吊祭哀挽文集。"②　林纾说："欧公至于山水厅壁之文，亦在在加以凭吊。"③　——"音涉哀思，乃骚赋之变体。"④

楚骚风调的心理机制，就是一种哀怨情感。《离骚》，"犹离忧也"，尽管其辞藻绚烂之极，其句式谲诡多变，其心情却十分消沉。鲁迅在《摩罗诗力说》中指出：《离骚》"放言无惮，为前人所不敢言。然中亦多芳菲凄恻之音，而反抗挑战，则终其篇未见"。李维桢评楚骚的特点是："凄欷紧素，使人情事欲绝，涕泣横集。"⑤《文心雕龙·辨骚》指出："《骚经》《九章》，朗丽以哀志；《九歌》《九辩》，绮靡以伤情。""朗丽哀志"，"绮靡伤情"，不正是对楚骚风调心理机制的准确概括？《诗经》和《楚辞》，向来被视为中国古代文学的两个最早源头。后人评论文学作品，总爱追本溯源，比附"风骚"；比附"风骚"的标准之一，就是依据其情感机制，如把具有典雅、感慨一类特征的作品划归《诗经》一头，而把具有凄怆、哀怨一类特征的作品划归《楚辞》一头。钟嵘《诗品》论列自汉代以来的122位诗人，就是据此将他们一分为二，而最早透露出此中消息。

苏辙在《祭欧阳文忠公文》中指出，欧阳修"体备韩马（韩愈和司马迁），思兼庄屈"，正独到地揭示出他与先秦南方文化的联系。

清代龚自珍曾云："庄屈实二，不可以并。并之以为心，自白（李白）始。"其实就庄骚同处于南方文化体系这一点来看，二者恰息息相通。李泽厚在《美的历程》中指出：庄屈同属南方文化体系，屈原有《远游》，庄子有《逍遥游》，两者颇有相似之处。不然的话，不但欧阳修"并"不了，就是李白也"并"不了。

---

① 《艺概》。
② 《文史通义》。
③ 《春觉斋论文》。
④ 刘师培：《文说》。
⑤ 朱熹：《楚辞集注·李维桢序》。

与本章有关的一个问题是韩欧对《史记》的不同继承关系。《史记》，作为一部划时代的伟大的历史和文学著作，后世作家很少有不受其影响的。韩欧也不例外，且同《史记》的关系尤为密切。不过人们普遍认为，韩愈是得其形而遗其神，欧阳修是遗其形而得其神。

方苞说："退之变左史（《左传》和《史记》）之格调，而曲得其义法；永叔摹《史记》之格调，而曲得其风神。"① 茅坤说："韩公碑志多奇崛险谲，不得史汉序事法，故于风神处或少逋逸……至于欧阳公碑志之文，可谓独得史迁之髓矣。"② 明代艾南英说："以史迁论之，昌黎之碑志，非不子长（司马迁）也，而史迁之蹊径皮肉，尚未浑然。至欧公碑志，则传史迁之神矣。然天下皆慕韩之奇，而不知欧之化。"③

读韩文，直接效法《史记》的共三篇：《获麟解》、《送廖道士序》和《答刘秀才论史书》。《获麟解》效法《老子传》，《送廖道士序》效法《西南夷列传》，《答刘秀才论史书》效法《报任安书》，但大多在表现句法用笔上。如下面这两段文字：

> 西南夷君长以什数，夜郎最大；其西靡莫之属以什数，滇最大；自滇以北君长以什数，邛都最大。
>
> ——《西南夷列传》

> 五岳于中州，衡山最远；南方之山，巍然高而大者以百数，独衡为宗。
>
> ——《送廖道士序》

韩文真正得《史记》精髓的恐怕就是《毛颖传》和《张中丞传后

---

① 《古文约选序例》。
② 《八大家文钞总序》。
③ 《与沈崑铜书》。

叙》了。《毛颖传》借毛笔"始而见用，老而见疏"的故事，讽刺统
治者的薄情寡恩，具有《史记》传记文学的意味；《张中丞传后叙》
记述安史之乱的抗敌英雄许远、张巡、南霁云等人的事迹，绘声绘
色，可歌可泣，是《史记》"实录"精神的真正体现。但它们又缺乏
《史记》那种特有的唱叹情调，依然充满雄直之气。

至于欧阳修，虽然在句法用笔上看不出与《史记》有什么相似，但
其整个创作的唱叹情调却与之完全一致。宋代李涂说："欧阳永叔《五
代史》赞首必有呜呼二字，固是世变可叹，亦是此老文字，遇感慨处便
精神。"如《五代史伶官传序》，作者一开头便发出强烈的感叹："呜
呼！盛衰之理，虽曰天命，岂非人事哉！"接着就在这种浓厚的抒情气
氛中叙事言理，对后唐庄宗李存勖前盛后衰的史实进行评述：

> 方其系燕父子以组，函梁君臣之首，入于太庙，还矢先王，
> 而告以成功，其意气之盛，可谓壮哉！及仇雠已灭，天下已定，
> 一夫夜呼，乱者四应，仓皇东出，未见贼而士卒离散，君臣相
> 顾，不知所归。至于誓天断发，泣下沾襟，何其衰也！岂得之难
> 而失之易欤？抑本其成败之迹，而皆自于人欤！

这一段文字，熔叙事、议论、抒情为一炉，夹叙夹议，感慨系之，在
极力拉大对后唐庄宗李存勖前盛后衰的对比中，将"忧劳可以兴国，
逸豫可以亡身"的见解表达得惊警动人。深沉的感情加上曲折尽致的
笔调，形成文章一唱三叹的情调。读这篇文章，我们不难想见司马迁
《项羽本纪赞》和《伯夷列传》的风采。也许正因为这样，有人认为
欧阳修实多学《史记》，少学韩文。

茅坤形容《史记》的唱叹情调所造成的审美意象是："譬之览仙
姬于潇湘洞庭之上，可望而不可近……"① 刘师培把司马迁划在南方

---

① 《八大家文钞》。

文化体系，看来是有一定道理的。不过，从《史记》文风的刚柔兼济和雄逸并称的特点看，不如说它是南北合一更为恰当。实际上，司马迁也是集大成者。刘熙载云："太史公之文，兼括六艺百家之旨，第论其恻怛之情，抑扬之致，则得于诗三百篇及《离骚》居多。"① 虽然《史记》的唱叹情调与楚骚的哀怨心理机制有较多联系，以致有"无韵之《离骚》"的说法，但其"排戛雄奇"的一面，又绝非是楚骚所能并包的，而更接近北方的恢弘气势。至于韩愈，一方面在词句上蹈袭《史记》，另一方面在恢弘气势上又与之面目相似。这样，一如中国文学好讲究"字字有来历"和"出处"一样，人们也就把韩愈的这一方面的特征归结为《史记》的影响。正如近人陈起昌所云："六一之文，与昌黎同出太史氏。而韩得其刚，故其文雄；欧得其柔，故其文逸。"② 然不管怎样，从继承关系看，韩欧的确是继承了《史记》的不同侧面。韩愈与先秦北方文化的更多联结，使之对《史记》"排戛雄奇"的一面到位，"抑扬唱叹"的一面不到位；反之，欧阳修与先秦南方文化的更多联结，使之对《史记》"抑扬唱叹"的一面到位，"排戛雄奇"的一面不到位。不同的继承关系正反映出不同的文化情境。

　　以上是先秦时代，下面我们看魏晋南北朝。

---

① 《艺概》。
② 《唐宋八大家文章论序》。

六　韩愈、欧阳修与魏晋南北朝南北文化

> 江左宫商发越，贵于清绮；河朔词义贞刚，重乎气质。
>
> ——李延寿：《北史》

　　关于魏晋南北朝，北方当然以十六国、北朝为代表：前赵、成汉、前凉、后赵、前燕、前秦、后燕、后秦、西秦、后凉、南凉、北凉、南燕、西凉、北燕、胡夏以及北魏、东魏、北齐、西魏、北周。"盖北方诸国，起自蒙古地方，故极其勇武而兼以活泼，大非南方浮华柔懦之比。加之胡人一旦沐浴中国文明，都喜其坚实的学术而拒斥老庄的浮诞，故多尚儒道。"① 据史书记载，从前汉的刘渊到北魏的孝文帝，莫不讲读经史，兴建太学，提倡儒术。《北史》称孝文帝是"五经之义，览之便讲；史学百家，无不涉读"。一代帝王如此，一代社会风气亦如此。因为中国历史向来有随帝王好恶转移的社会风气，下面跟着上面走，所谓"风动于上，波震于下"者。至于南方，则应以魏晋南朝为代表：魏、西晋、东晋、宋、齐、梁、陈。南朝地处南方，属于南方文化不言自明。至于将魏晋视作"南方"，不仅是因为南朝宋齐梁陈与魏晋有"正朔"相承的延续关系，更主要是因为它们同十六国、北朝形成鲜明对照，在思想学术上更为接近。按照梁启超

---

① ［日本］高桑驹吉著，李继煌译述：《中国文化史》，商务印书馆 1927 年版。

的意见，包括魏晋在内的三国六朝，正是中国学术史上的道家时代。[①]
"南方门阀士族尚清谈，擅名理，喜老庄"[②] 的社会风气，实际上就是
魏晋玄学在南朝的继续。不管怎样，魏晋中原士族的大量南迁，长期
定居江南，北人遂为南人。

　　这里需补充说明的是划分南北的标准问题。近代以来，划分南北
文化的标准，大多依据地域或者籍贯。这是一个误区。划分南北固然
要看地域和籍贯，同时也应兼顾特征与风貌。因为文化现象是复杂
的，加上几乎从中国文明发祥时就开始的南北交汇，北人未必具有北
人特征，南人未必具有南人特征，而往往是北中有南，南中有北，彼
此交叉、融合、混同乃至反转的现象时有发生，因而地域特征并不一
定就代表文化特征；只有把二者结合起来，才能令人信服地阐释南北
文化现象。道理并不难理解，恰如今天我们把日本划在西方而其地理
位置在东方一样。其实我国历史上也早已有人意识到这一点并是这样
做的。如明代著名画家董其昌，把唐朝诗人王维列为绘画上南宗派的
创始人，就不是依据籍贯而是依据特征，如果依据籍贯，出生于山西
祁县的王维倒应该是道地的北宗派了。

　　魏晋南北朝时期的南北文化，北方仍然是以孔孟六经为主体的儒
学经术，而南方则随着魏晋思想的解体和晋室东迁而形成庄、屈、儒
合流的格局。儒道在南方的盛行，前人论述较多，不难理解。较难理
解的是楚骚在南方的延续。然而，如果我们把文化看作"类型的象
征"（tokens-of-types）[③]，那么，南方文人"缘情绮靡"和"流连哀
思"的主张，模山范水和吟风弄月的作风，不就是楚骚"朗丽哀志"
和"绮靡伤情"的情感机制以及"香草美人"比兴的文化代码的显
现？尽管它们在传统观念中有格调高下之分。显然，南方文化的基本
层面庄骚，依然如故。

---

① 参看《论中国学术思想变迁之大势》。

② 任继愈：《中国古代哲学发展的地区性》。

③ 参看 *Culture and Culture Entities* by Joseph Margolis，美国 1984 年版。

韩愈明显倾向于北朝。一方面，他对魏晋南朝采取几乎完全排斥的态度。《旧唐书·韩愈传》说："常以为自魏晋以还，为文者多拘偶对，而经诰（六经）之指归，迁雄（司马迁和扬雄）之气格，不复振起。"其《送孟东野序》看似对魏晋有所肯定，实则无异于全盘否定："就其善者（魏晋诗文），其声清以浮，其节数以急，其辞淫以哀，其志驰以肆，其为言也乱杂而无章。""善"的一面尚且如此，"恶"的一面可想而知。至于对齐梁，更是一概骂倒："齐梁及陈隋，众作等蝉噪；搜春摘花卉，沿袭伤剽盗。"①

另一方面，韩愈的思想作风与北朝保持着千丝万缕的联系。一个颇有意思的问题是"昌黎之谜"。韩愈常常自称"昌黎"，以昌黎作为自己的郡望，郡望指一个地方显贵的世族。经人们反复考证，韩愈是河阳（今河南孟县）人；可他却偏偏选择了远在关外的昌黎作他的郡望，由此造成后人在韩愈乡里问题上的一片混乱。查典章制度，古人立郡望，不外乎三种情况：一是以出生地为之，表示籍贯；二是以历史上某一家族的姓氏为之，表示"狐死首丘"之意；三是以某一有名望的家族为之，表示门第高贵。《新唐书·韩愈传》说，韩愈"七世祖茂，有功于后魏，封安定王"。根据这一身世及其一生依附权贵的行事来看，韩愈的做法只能属于第二和第三种情况。查《中国历史地图集》，十六国至北朝，昌黎这一地名共出现过四次，除一次出现在今河北省外，其余三次出现在今辽宁省义县、朝阳和营州三处。《太平寰宇记》卷七十一《营州》条说："后魏谷浑，元冲昌黎、文衮，勇冠一时。"这个昌黎，或与韩愈"祖茂"有关，或毫不相干只想攀附一下权贵而已。但不管怎样——"狐死首丘"也好，"攀龙附凤"也好——韩愈自称昌黎，都包含有对北朝后魏的眷顾之意。

韩愈的复古倾向本身就包含着对北朝风范的顶礼膜拜。在《石鼓歌》一诗中，他认定石鼓文（唐初在陕西岐阳出土的一种石刻文字）

① 《荐士诗》。

是周宣王时代的作品，感叹"嗟余好古生苦晚，对此涕泪双滂沱"，盛赞其文"快剑斫断生蛟鼍"，"鸾翔凤翥众仙下"，"金绳铁索锁纽壮，古鼎跃水龙腾梭"。而明代焦竑指出，石鼓文不过为北朝宇文周北周所制。其《焦氏随笔》卷三说："金人马子卿以字画考之，谓是宇文周时所造。作《辨》万余言，出入传记，引据甚明。其全文今不见。据《北史·苏绰传》云，周文帝为相，欲革文章浮华之弊，因魏帝祭庙；群臣毕至，乃命绰为大诰奏行之。是后文笔，皆依其体。而周文帝十一年十月，尝西狩岐阳，其子武帝保定元年十一月丁巳，狩于岐阳，五年二月，行幸岐州。由此言之，鼓文为宇文周所造无疑。"以下还有进一步的考证，因其文太长，恕不赘引。且不管焦氏这一结论是否可靠，至少可以证明，北朝风范与先秦北方有惊人的一致性；同时也证明，韩愈的复古倾向与北朝一致。

其实，韩愈倡导的古文运动，本来就是出自北朝系统。文学史家罗根泽在《中国文学批评史》中对此作过精到分析。他认为，自隋至唐，反对六朝文学的古文家，除陈子昂以外，其他诸如李谔、王通、元结、独孤及等，大半是北人，其中元结、独孤及不仅是北人，而且是"胡裔"。照理说，刘勰《文心雕龙》提出的原道、征圣、宗经思想，应该成为唐代古文运动高扬的旗帜。然而就他所见，称论其书者，仅卢照邻《南阳公集序》和刘知几《史通·自叙》，真正宗经载道的古文家反倒绝少提及。这当然不能说唐代古文家都未读过《文心雕龙》，但对它的漠视似属难以否认的事实，原因很简单，大概就因为《文心雕龙》系南人所为。这便足以证明，由韩愈倡导而发展到高潮并最后获得成功的唐代古文运动，实际上是继承的北朝文化系统而来。

把韩愈同古文运动中唯一的南人陈子昂作一比较就看得更清楚。据今人研究表明，陈子昂正是更多地继承魏晋齐梁传统。他主张的学习建安正始，与刘勰、钟嵘的推崇建安曹魏，基本一致；他所谓的"汉魏风骨"，也就是从钟嵘的"建安风力"而来。相反，韩愈则是更多地祖述北朝周隋。他的鄙薄魏晋，骂倒齐梁，跟苏绰、李谔是同一腔调。《周书·王褒庾信传论》说："（苏）绰建言务存质朴，遂糠秕魏晋，宪章虞夏。"李谔《上隋高祖革文华书》说："江左齐梁，其弊弥甚"，"遗理存异，寻虚逐微"，"损本逐末，流遍华壤"。①

　　古文运动的宗旨是把齐梁文风改造成"河朔之制"。初唐四杰之一的杨炯在《王勃集序》中说：唐初，在王勃的倡导下，"妙异之徒，别为纵诞，专求怪说，争发大言。乾坤日月张其文，山河鬼神走其思，长句以增其滞，客气以广其灵，已逾江南之风，渐成河朔之制"。唐初是否已形成河朔之制另当别论——因为至今人们认为包括四杰在内的唐初文坛依旧笼罩着浮艳气息，但河朔之制是古文运动追求的目标当不成问题。河朔之制乃北朝文风的典范。《北史·文苑传》说："河朔词义贞刚，重乎气质；气质则理胜其辞。"所谓重乎气质，所谓理胜其辞，大概就是指在符合儒家道德规范的前提下，率直地表达个人思想和胸襟，追求文章内容的饱满和充实。有人指出，韩文在价值判断方面的特征正是"理胜其辞"；唐代陆希声在《唐太子校书李观文集序》中对比韩愈和另一文人李观的文风时说："元宾（李观）尚于辞，故辞胜其理；退之（韩愈）尚于质，故理胜其辞。"而韩愈本人也提出过"文所以为理"的观点，主张写文章要"抑邪与正"，"扶树教道"，扬善惩恶，充满正气，以达到"正声谐韶濩，劲气沮金石"的理胜其辞的境界。这样看来，韩文的特征正与河朔之制完全重合。

　　与此相关的一个问题是韩文《平淮西碑》的"疑案"。元和十二年（817年），韩愈跟随宰相裴度征讨淮西藩镇。先头部队李愬率先攻入蔡州，生擒藩将吴元济，平叛大获全胜。事后，裴度令韩愈撰文，并镌刻成碑，颂扬和纪念此次胜利。这就是《平淮西碑》的由来。但不知什么原因，后又磨去韩文，改刻另一文人段文昌的同名之作。据

---

　　① 参看曹文铨《谈陈子昂与韩愈在古文运动中的异同处》一文，见《光明日报》1962 年 10 月 21 日。

说是因为李愬读了韩文之后，认为与史实不符，未突出他袭蔡擒吴的头功，有颂扬裴度之嫌，因而通过其妻唐安公主之女向唐宪宗申诉，于是宪宗才命段文昌重撰一文。然而，问题的关键恐怕并不在于韩文扬裴抑李，而在于韩文采用散体，段文采用骈体。

范文澜指出，有唐一代，南北文风即骈散之间的斗争始终未中断。自唐太宗提倡骈文后，骈文在应用文中的地位更加巩固，文人不作骈文，便无仕进之可能。唐朝的一切应用文字，从诏敕、判辞到普通书牍，几乎全部采用骈文。骈文在唐朝的盛行，其实就是南朝文风的继续。从历史上来看，东晋南渡后，北方为落后少数民族所占据，统治者凭借其武力，对汉族实行统治，然而在心理上，他们又承认南方是"正统"之所在，因而自觉或不自觉地形成对南方文化的趋同，并蔚成风气。所以，唐代虽有陈子昂和韩柳等人领导的旨在改革骈文的声势宏大的古文运动，有唐太宗为维护封建统治而不得不提倡质朴文风的政令，但对南方文风的向慕始终是一种潜在的社会心理，难以根除，骈文依然占据广泛市场。正是由于这个原因，韩愈死后，古文运动便一落千丈，骈文复炽，甚至连一向效法韩愈的作家如杜牧等人，也作起骈文来了。《平淮西碑》的遭遇，与其说是韩愈个人的悲剧，不如说是整个社会的悲剧；从而也就从反面透露出来：韩愈恰恰是站在北方文风的立场上同南方文风进行着悲剧性的抗争。

此外，还有一个令人迷惑的问题，即韩愈同《文选》的关系。学术界一般认为，韩文受《文选》影响不小。其实，这乃是一种误会。

查《韩愈文集》，对《文选》这部集中代表六朝审美规范的诗文选集，他仅在《中大夫陕府左司马李公墓志铭》中间接提及一次：李某"能谙记《论语》、《尚书》、《毛诗》、《左氏》、《文选》，凡百余万言，凛然殊异"，还只是列在经传中作一点缀。这不仅与李白"三拟《文选》"的做法和杜甫"熟精《文选》理"的主张相去甚远，就是和古文运动中与之比肩的柳宗元也大异其趣。柳宗元"虽与韩愈同为古文运动的创导人，但受《文选》影响（六朝文）甚深"①。关于这一点，清人王士禛看得最分明，其《古夫于亭杂录》卷二十九指出："唐人尚《文选》学，李善注《文选》最善……杜诗云云亦是尔时风气。至韩退之出，则风气大变矣。"

从韩文来看，直接出自《文选》的仅两篇：

《进学解》──→东方朔《答客难》，扬雄《解嘲》
《送穷文》──→刘孝标《广绝交论》

《答客难》和《解嘲》属南北混同时期汉代的作品，风格虽远北近南，"触兴致情"，"语多虚设"（刘师培说），但《进学解》那种雄放劲悍的气质却又都是它们难以企及的；至于《送穷文》的言"五穷"和齐梁刘孝标《广绝交论》的言"交之五流"，更不可同日而语。兹各录一段以供比较：

若其宠钧董（董贤）石（石显），权压梁（梁冀）窦（窦宪）。雕刻百工，炉锤万物；吐漱兴云雨，呼吸下霜露。九域耸其风尘，四海叠其熏灼；靡不望影星奔，藉响川骛。鸡人始唱，鹤盖成阴，高门旦开，流水接轸。皆愿摩顶至踵，隳胆抽肠；约同要离焚妻子，誓殉荆卿沉七族。是曰势交，其流一也。

──《广绝交论》

又其次曰交穷，磨肌戛骨，吐出心肝，企足以待，置我仇冤。

──《送穷文》

---

① 范文澜：《中国通史简编》第三编第二册《唐五代的文化概况》，人民出版社1965年版。

两段皆言"交友"，前者在长达 98 字的一连串艰深的典故中夹杂着"风云月露"的刻绘，繁复而靡丽；后者仅 22 字，虽有造语骇怪之嫌，却坚净肃括，文意明朗。

诚然，韩文也有四六文字，如《为韦相公让官表》、《为裴相公让官表》、《为宰相贺雪表》等，但大多舍文取质，本色自然。李光地指出："韩公虽于俳句之文，而辞之质直，气之动盈若此。所谓拔去其华，存其本根者。"①

不错，韩愈那些精彩的篇章几乎都采用了四言及对偶形式，如《论佛骨表》、《平淮西碑》、《进学解》、《送穷文》等，一般就是根据这一点断定韩文出自《文选》的。这虽有道理，却不全对。因为四言对偶并非源于《文选》，而是早在先秦就已出现："《书》为四言之嚆矢。"从中国散文的发展史看，先秦是所谓骈散不分的时代，四言对偶与奇句单行同时并存，如《尚书》、孔子《文言》、荀子辞赋等，其中不少文字就是四言对偶形式，并多属于北方规范。且不论韩愈的《平淮西碑》就是直接"点窜尧典舜典字"，而就韩文全部四言对偶的凝重挺拔特点看，也接近先秦荀子辞赋，所以陈柱《中国散文史》说：韩昌黎"句奇语重则法荀卿"。何况对偶作为一种平列格式，本是语言中普遍存在的现象，汉语中有，外语中也有。例如，拉丁语中：Verba volant, scripta manent（语言飞逝，文字停留）；英语中：Aman should so live as to be like a poem, a thing should so look as to be like a picture（人须求可以入诗，物须求可以入画）；俄语中：Вречах по-соловъинму，авдлахпо-змеин-ому（说得像夜莺一样好听，做得像花蛇一样狠毒）。

通观韩文，真正接近《文选》绮丽处的文字不能说没有，却十分少见。除了《送李愿归盘谷序》中那段刻画官宦、侍从和隐士三种人的文字外，仅有的大概就是以下两段话：

---

① 转引自马通伯《韩昌黎文集校注》。

眉眼如画，发漆黑，肌肉玉雪可念，殿中君也。

退见少傅，翠竹碧梧，鸾鹄停峙，能守其业者也。

幼子娟好静秀，瑶环瑜珥，兰茁其芽，称其家儿也。

——《殿中少监马君墓志》

航北湖之空明，觑鳞介之惊透，宴州楼之豁达，众管啾而并奏。

得恩惠于新知，脱穷愁于往陋，辍行谋于俄倾，见秋月之三毂。

——《祭郴州李使君文》

所以，《唐才子传》称韩文为"齐梁绮艳，毫发都捐"，一点也不夸张。

当然，韩文并非完全与《文选》绝缘。只不过韩愈受《文选》影响的，可能更多是其中两汉辞赋的规模、格调及其铺排形式，即所谓"迁雄之气格"。

综上所述，韩愈之于《文选》，与其说关系密切，不如说与唐代某些北朝旧家的态度相似，是"敬而远之"。北方士族李德裕曾云："不于私家置《文选》；盖恶其祖尚浮华，不根艺实。"[①]

以上是韩愈的情况，下面我们看欧阳修。欧阳修虽然步趋韩愈反对六朝五代作风，但又与魏晋南朝藕断丝连，难舍难分。因为他确乎说过："偶丽之文，苟合于理，未必为非。"[②] 也许对他来说，更反感的是"磔烈怪僻"的时文"太学体"，而不是六朝绮丽作风；何况他并不反对"精"和"工"两个概念，主张文章从语言到形式都应做到精美工巧。从他的创作轨迹来看，本身也就是从"偶丽"走向古文的；宋代韩维《欧阳修神道碑》说：欧阳修"将举进士，为一时偶丽

----

① 《旧唐书·武宗纪》。

② 《论尹师鲁墓志铭》。

之文，已绝伦辈"。他的某些文章，亦确乎洋溢着骈偶时的秾艳气息。如《游大字院记》中的一些文字：

> 暑虹昼明，惊雷破柱，郁云蒸雨，斜风酷热。非有清胜不可以消烦炎……春笋解箨，夏潦涨渠；引流穿林，命席当水。红薇始开，影照波上；折花弄流，衔觞封奕。非有清吟啸歌不足以开情怀……

辞采之华艳，色泽之鲜丽，格调之绮靡，与六朝别无二致。

不过，他的散文更多是未用骈偶而有骈偶丽质。特别是他的一些游记、园亭记、厅壁记、赠序、诗文集序，如《醉翁亭记》、《丰乐亭记》、《相州昼锦堂记》、《送田画秀才宁亲万州序》、《菱溪石记》、《养鱼记》、《有美堂记》、《丛翠亭记》、《浮槎山水记》等，大多以奇句单行的形式，清丽的语言，或整篇，或片断，表现出某种模山范水，措采摛文的内容与情调。

在这一点上，把欧阳修同韩愈作一对比也许更有说服力。同样是写洛阳，当韩愈的《河南府同官记》在记述洛阳官员的仕宦经历而念念不忘朝廷的人事纷争的时候，欧阳修的《河南府司录张君墓表》却在严肃记述死者生平的过程中陡然插入一笔不相涉的"怜风月，狎池苑"的描写。且看其中这两段文字：

> 愈自阳山移江陵法曹参军，获事河东公。公尝与其从事言，建中初，天子始纪年更元，命官司举贞观开元之烈，群臣惕栗奉职，命材登良，不敢私违，当时自齿朝之士而上，以及下百执事，官缺一人，将补必取其良。然而河南府（指洛阳）同时于天下称多，独得将相五人……
>
> ——韩愈《河南府同官记》

> 河南（指洛阳）又多名山水，竹林茂树，奇花怪石，其平台清池上下，荒墟草莽之间，余得日从先生长者赋诗饮酒以为乐。
>
> ——欧阳修《河南府司录张君墓表》

当然，欧文中的这一类刻画还不是浓到化不开的地步，而是平淡中见绮丽，自然中见绚烂，但六朝秾丽绮艳的踪影却分明可见。无怪乎朱熹说："欧阳公作古文，力变旧习；老来照管不到，为某诗序，又四六对偶。"① 这其中固然有年龄关系，更有文化背景的因素。

另外，弥漫于欧文的哀叹之音，既与楚骚有关，又是魏晋风度的一种体现。魏晋风度即"人的觉醒"，在否定传统价值标准的条件下，人对于自己生命意义的重新发现、思索和把握。李泽厚认为它滥觞于《古诗十九首》，经魏晋而延至宋末。② 其实撇开齐梁纵情声色的一面，又何尝不是贯穿于整个南朝的主题。"恸绝、哭甚恸、不胜其恸、又大恸……充满了伤逝情怀的记载，却正是魏晋风度的显露。"③

作为欧文基调的哀叹之音，不仅浓烈地表现在记述衰世的《五代史》诸论中，如《五代史伶官传序》，而且沉重地表现在祭奠死者的祭文中，如《祭程相公文》：

> 人生富贵，朝露之光；及其零落，止益悲伤……昔者罇酒，歌欢笑谑；今而一觞，涕泪霑落；死生忽焉，自古常然。……

这与《古诗十九首》中"浩浩阴阳移，年命如朝露；人生忽如寄，寿无金石固"一类生命死亡的感喟，简直一模一样。

这一类唱叹就是在一般文章中也屡见不鲜，如《释秘演诗集序》、《江邻几文集序》、《内制集序》、《礼部唱和诗序》、《王彦章画像记》

---

① 《朱子语类》。
② 参看《美的历程》。
③ 李泽厚：《古典文学札记一则》，见《文学评论》1986 年第四期。

等。其中《礼部唱和诗序》中有这样一段：

> 呜呼！吾六人者，志气可谓盛矣。然壮者有时而衰，衰者有时而老。其出处离合，参差不齐，则是诗也，足以追惟平者，握手以为笑乐。至于慨然掩卷而流涕嘘欷者，亦将有之……

这本是回忆当年与同事们欢聚唱和的盛况，可乐极生悲，陡然间化为对逝去美好时光的哀婉叹息。这与魏晋陆机《叹逝赋》中流露的心态何其相似：

> 嗟人生之短期，孰长年之能执。时飘忽其不再，老晼晚其将及。对琼蕊之无微，恨朝霞之难挹……亲落落而日稀，友靡靡而愈索。顾旧要于遗存，得十一于千百。乐隟心其如忘，哀缘情而来宅……

好一个"乐隟心其如忘，哀缘情而来宅"！不如说它恰是两段文字共同的主题，区别只在一为散体一为骈体而已。

读欧文不难发现，他对生死、存亡、盛衰、兴废一类的事情尤为敏感，以致"……何其盛哉！……何其衰也"这样固定搭配的句型成了他散文中反复出现的格式。除了前引《五代史伶官传序》中的一段文字外，又如下面两段文字：

> 曼卿隐于酒，秘演隐于浮屠，皆奇男子也，然喜为歌诗以自娱。当其极饮大醉，歌吟笑呼，以适天下之乐，何其壮也！一时贤士，皆愿从其游，予亦时至其室。十年之间，秘演北渡河，东之济、郓，无所合，困而归。曼卿已死，秘演亦老病。嗟夫！二人者，予乃见其盛衰，则予亦将老矣。
>
> ——《释秘演诗集序》

公以金章紫绶悦其颜，使天下为子者，莫不欲其亲如公之亲；为父母者，莫不欲其子如公之为子也。其荣且乐，可谓盛哉！及其衰也，母夫人丧犹在殡，而公已卧病于苫块之间，而爱子长而贤者，遽又卒于其前，遂以奄然而瞑目，一孤藐然，以为二丧之主。呜呼，又何其不幸也！

——《祭蔡端明文》

这或许是在哀伤的情感仪式中，寄托对生命存在价值的祈求和肯定。无怪乎明人有云："欧阳如人毕生持丧……"① 其文宛如持幡旗招魂，带给人更多的是感伤。

一个有趣的现象似可作为上述内容的补充。有人发现，韩愈在文章中提到自己时多称名，而欧阳修在文章中提到自己时多用"予"，认为这是韩愈谦恭下人而欧阳修自视甚高的表现。事实恰恰相反，韩欧两人的言行再清楚不过地表明，欧阳修是谦谦君子而韩愈不是！韩愈自我吹嘘说："自度若世无孔子，不当在弟子之列。"认为可以和孔子平起平坐，多么自命不凡！而欧阳修一生无论仕途穷达，在朝在野，不露骄矜，不怀怨望，不亦虚怀若谷的表现？欧文多用"予"，这或许是宋代与唐代在语言上的差异有关，因为韩欧毕竟属于不同的时代；但其中是否也包含着欧阳修对生命存在的充分肯定，即"人的自觉"的潜意识的流露呢？回答应该是肯定的，至少给人的感受是如此。

欧文以情韵美著称。而有人认为，情韵正是六朝骈文的审美特征。曾国藩说："自东汉至隋，文人秀士，大抵义不孤行，辞多俪语。即议大政，考大体，亦每缀以排比之句，间以婀娜之声，历唐代而不改，虽李（翱）韩（愈）锐志复古，而不能革世骈体之风，此皆习于

---

① 朱彝尊：《香祖笔记》卷一。

情韵者类也。"① 认为汉末六朝辞赋骈文的出现是由于追求情韵的结果。"情"，即"留连哀思"、"缘情绮靡"，一种温怨情感。至于"韵"，《文心雕龙·声律》云："异音相从谓之和，同声相应谓之韵。"《宋本玉篇》云："声音和曰韵。"《洪武正韵》云："韵，度也。"最初是指由对偶、押韵等格律形式造成的一种"玉润双流，如彼珩佩"的和谐的语音效果，后来被引申为一种超凡脱俗的风度意象。对这种风度意象，宋人李廌有一段精彩的描述："如金石之有声，而玉之声清越；如草木之有华，而兰之臭芬芳；如鸡鹜之间而有鹤，清而不群；如犬羊之间而有麟，仁而不猛；如登培塿之丘以观崇山峻岭之秀色，涉潢汙之泽以观寒溪澄泽之清流；如朱弦之有余音，太羹之有遗味者，韵也。"② 当然，情韵的形成，情感机制是前提，"有是情，即有是韵"，"脱情性暴烈严激，出语多含肃杀之气，欲求其情韵之绵远，难矣"③。欧阳修的散文虽然摒弃了骈偶格律，但却在温怨情感的基础上，大量运用虚词及转折多变的句式，在从容闲易的叙事、言情和说理中，努力再现个人风度，纡余不迫，一唱三叹，从而形成了一种不具骈偶声律的情韵美。《北史·文苑传》说："江左宫商发越，贵于清绮"，"清绮则文过其意"；"文华者宜于咏歌"。这里的"清绮"，显然是就包括骈文在内的格律诗文而言，它与曾国藩所说的六朝情韵实际上指同一审美范畴。这样看来，如同韩文属于"河朔之制"一样，欧文则类似"江左之制"。

最后，还有一个因素可以看出欧阳修与六朝的联结，即他对东晋陶渊明的极力推崇。苏轼在《跋退之送李愿序》中转述他的话说："晋无文章，唯陶渊明《归去来辞》一篇而已。"本来，这一类的偏爱在古人不足为奇，但在欧阳修，却可以发掘出深厚的思想根源：一方面，是陶渊明此文中流露出来的那种摆脱尘世

① 《湖南文徵序》。
② 《济南集》。
③ 林纾：《春觉斋论文》。

束缚后的欣喜心情与他一向的"山林情怀"十分合拍；另一方面，与陶渊明一致，其中也隐含着一种对"世外桃源"的理想追求。由此我们联想到他自鸣为平生最得意的作品——《醉翁亭记》。

关于《醉翁亭记》的主题，向来众说纷纭：或认为是宣扬自己的治滁政绩，或认为是表现与民同乐的精神，或认为是消遣一时的颓废心情，或认为是粉饰太平，或认为是纯粹的模山范水、吟风弄月。这些当然都不无道理。不过，如果我们仔细考察一下滁州环境以及写作此文的背景，就会感到有更深一层的意蕴应该探究。查《滁州志》，原来滁州是一个多灾多难的州府。"滁水无备无潴，常仰天雨"，"江淮卑湿殊北地，岁不苦寒常疫疠"，是对其自然条件的说明。自宋乾德二年（964年）以来，水旱、风寒、蝗疫、地震等大灾害的记载举不胜举，如"大风破屋拔树"，"牛马皆缩如猬，室庐圮坏"，"蝗自西北来，蔽天日，丘陵坟衍如沸，所至禾黍辄尽"，"旱蝗交作"，"溺死男妇近千"，"民流离饿死者无算"，"流殣载道"，"人食草木"，"死者相枕藉"，等等，可见灾情之惨重。欧阳修是于庆历五年（1045年）到滁州的，第二年写《醉翁亭记》。庆历四年，他在《论救赈江淮饥民札子》中写道："风闻江淮以南，今春大旱，至有井泉枯竭，牛畜瘴死，鸡犬不存之处，九农失业，民庶熬熬。"这是他治滁前一年的江淮情况。庆历七年，他在《又祭汉高祖文》中说："民常患不勤于农，农勤矣，而雨败其稼……今麦虽已失，犹有望于谷。"在《祈雨祭汉高皇帝文》中，也有"民田待雨急"和"灾旱"之语。这是他治滁后一年的滁州情况。庆历五年大雪，他在《与韩琦书》中说："幸今岁淮甸大雪，来春二麦有望；若人不为盗，而郡素无事，何幸如之。"庆历六年在《书王元之画像侧》中又说："诸县丰登少公事，一家饱暖荷君恩。"这一年收成较好可能是事实，但大概不会像《丰乐亭记》中说的那样，滁民一向"安于畎亩衣食，以乐生送死"。所以，《醉翁亭记》所描写的那种"负者歌于途，行者休于树，前者

呼，后者应，伛偻提携往来而不绝"一类的场面，也许并不存在。从
《欧阳永叔集》和《滁州志》来看，欧阳修在滁州的所作所为只有
"修城防盗"和"求神祈雨"两件事，谈不上有卓著政绩。就是他笔
下的优美的滁州山水，恐怕也不是尘世所有，而多少出于作者想象的
描绘。曾有人怀疑地说："琅琊山者，疑在天地之外，万物之表，非
流俗人所得而至也。"① 从上述情况看，《醉翁亭记》所描绘的那一幅
人们在优美环境中安居乐业，人禽同乐的美好图画，与其说是滁州现
实的真实写照，不如说是作者心目中的"桃花源"境界。至于那种把
它看作是粉饰太平或排遣颓废心情的观点，更不符合欧阳修的思想逻
辑。

西人雷蒙德道森（Raymond Dawson）在其所著《中国文化之垂
流》中指出：中国作家的一首诗，一幅画，一篇文，不仅仅是为了把
自然事物的状貌逼真地再现出来，其中往往包含着作者对其作用的理
解和期待，因而看起来一个微不足道的作品，都是某种人生哲学的暗
示和表达；因为对中国作家来说，所表现事物的具体时间、地点和背
景都无关紧要，尽管他可能的确是在特定的环境中获得的灵感。

因此，我们有充分的理由说，《醉翁亭记》不过是欧氏《桃花源
记》而已。

综合上述两章内容，韩欧两人的文化情境大致如下图（见图表6：
韩欧文化情境图）。此图表明，孔孟是北方文化的思想核心，它主要
扩散于先秦北方并延至十六国北朝；庄骚是南方文化的思想核心，它
主要扩散于先秦南方并延至魏晋南朝。就韩愈而言，虽然是孔孟庄骚
兼而有之，但与欧阳修对照，孔孟是其文化情境构成的主导倾向则不
言而喻。对欧阳修来说，虽然也是孔孟庄骚兼而有之，但与韩愈相
比，其文化情境构成的基本层面则又显然是庄骚。韩愈更多表现为与
北方文化的联结，欧阳修则更多表现为与南方文化的联结。

---

① 李清臣：《琅琊山记》，见《舆地记胜》卷四十二。

图表6　韩欧文化情境图

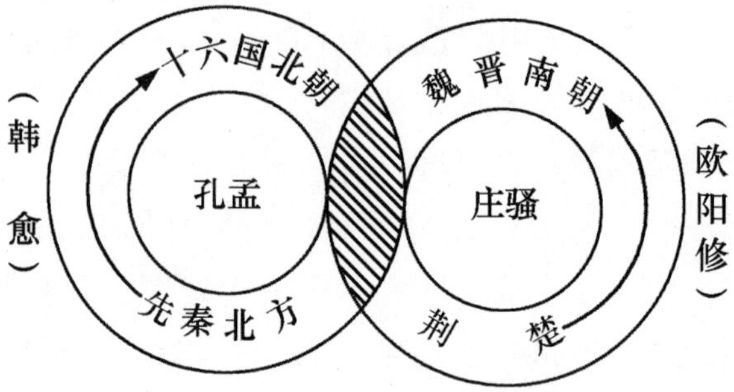

王国维指出，中国古代文化自先秦分成南北两派后，各种学术思想无不出此两派，或出此混合二派。① 严格说来，均出此混合二派；因为单一和"纯种"的文化并不存在，凡文化，大多为"杂交型"的多元文化。因此，断定某个作家属南还是属北，实际上只是也只能是据其文化情境构成的基本层面或主导倾向来看。然而，孤零零地考察一个作家，我们又很难对其文化情境作出量化分析，断定到底是南方文化占主导地位，还是北方文化占主导地位。中国古代文人的心灵大多是一种两重构造，所谓"修身、齐家、治国、平天下"，所谓"不在其位，不谋其政"，所谓"达则兼济天下，穷则独善其身"，所谓"有道则见，无道则隐"，所谓"用之则行，舍之则藏"，这些向来被认为出自儒家思想的价值准则，现在看来本身就包含着道家个人哲学的因素；因为南北文化和儒道两家本来就是互相冲击、互相渗透的，互相交融、互相弥补的，谁也免不了同时受其影响。因此，如果我们把传统思想文化的儒道两家看作两个保持一定距离的端点，那么，中国古代每个作家几乎无一例外都处在两个端点之间，而不可能完全倒向一边（见图表7：儒家与道家的距离和联系）。所以，我们判断一个作家的南北归属，最好是把与之相关的作家联系起来考察，这样，在

---

① 参看《屈子文学之精神》。

对照中，各自的南北倾向便更加彰明较著。这就好比是在对照中进行的量化分析，又好比是在运用形式逻辑上的求异法：假如在场合 1 中有 BC，在场合 2 中有 ABC，那么 A 就是两个场合的差别所在。

图表7　儒家与道家的距离和联系

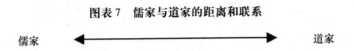

我们上面对韩欧南北归宿进行的分析和判断，正作如是观。

当然，我们不是为划分南北而划分南北。正如前人所云："吾辈读书弄翰，不过书写性灵，何暇计其南北？"① 然而，对韩欧这样的连体作家来说，不从南北文化的角度来考察，就不能说明其差异。

---

① （明）李修易：《小蓬莱阁画堂》。

七 中国南北自然人文环境

一个民族的心理特点取决于这个民族所赖以发展的自然条件的总和……

—— ［法］博丹:《论国家》

　　探讨南北文化,不能不涉及中国南北地理环境。

　　关于地理环境和人类社会生活的关系,我们历来存在误区。似乎一提地理环境,就是资产阶级的地理环境决定论,就是机械唯物论。事实上,不管人们承认不承认,谈论不谈论,地理环境对人类社会生活的影响都是重大的。人,总是在一定的时间和空间中生活的,不可能脱离具体环境;而地理环境,就是人们借以活动的实实在在的背景和舞台,并与之形影相随、难解难分、共时并存。毋庸讳言,生产方式是社会发展的决定力量,但生产方式又是在一定的地理环境中形成的,从而被牢牢地打上那个特定区域的印记。这在人类文明发展的早期表现得尤为突出:土地沃衍的河流区域产生农耕文化,水草丰盛的草原区域产生游牧文化,濒临大海的海岸和岛屿区域产生海洋文化……地理环境的制约作用显而易见。当然,与生产方式相比,地理环境具有"停滞"的性质;人类社会制度有可能在几十年、几年甚至几个月里发生翻天覆地的变化,而地理环境却可能在上千年中变化甚微,甚至依然故我。但正因为这样,它对人类社会生活的影响才更深刻、更普遍、更久远，也更容易不被察觉；"不识庐山真面目，只缘身在此山中"，我们对天天伴随着自己"日出而作，日入而息"的周围环境的一切往往漫不经心，不足为奇。其实，如果说生产方式是社会发展的变量，地理环境就是社会发展的常量；它永远作为历史发展的协同因素而存在，不会稍纵即逝，即使人类社会制度和生产方式已经几度变更。这是一方面。另一方面，随着人类实践活动的不断深入和范围的扩大，地理环境本身也在发生改变，物换星移，沧海桑田；与人的关系越来越密切。而大自然中的一切，一旦同人发生联系，便具有了文化的含义；照最新的提法，人即"文化的动物"。人们的社会实践，一方面使人自然化，一方面使自然人化；自然与文化，二者的界限有时很难截然分开。以致近年来有人提出，地理环境不仅是指自然条件的总和，而且还应包括与之互生的人文条件尤其是民情风俗。《汉书·地理志》解释风俗云："凡民函五常（金、木、水、火、土）之性，而其刚柔缓急，音声不同，系水土之风气，故谓之风；好恶取舍，动静亡常，随君上之情欲，故谓之俗。"分开来看，"风"偏指一个地区人的本性受自然条件濡染而形成的集合特征，"俗"偏指一个地区传统的政治文化氛围。"风俗"连用，表示一个地区因地理条件而形成的政治、经济和文化的传统的社会心理；它本身已涵盖自然和人文条件。所以准确地说，地理环境，应该是自然条件及其人文条件的总和。而那种仅仅把地理环境看成是客观的、被动的、一成不变的观点，是片面的。不管怎样，探讨南北文化，不能不考察这个我们已经司空见惯而不足为奇的历史协同因素——自然和人文环境。

　　人类文明起源于河流。恰如尼罗河孕育了埃及文明，恒河孕育了印度文明，幼发拉底河和底格里斯河孕育了巴比伦文明一样，中国的黄河长江孕育了中华文明。而河流走向对于形成文化的区域方位具有至关重要的作用。"广谷大川，民生其间者异俗。"① 同一流域，气候、地形、

---

① 《礼记》。

物产、生产方式、生活方式以及风俗民情往往大致相近，易于形成共同的文化区。中国的南北概念，在相当程度上，正是指由秦岭—淮河划分开来，并大致呈由西向东奔流态势的黄河流域和长江流域，尤其是其中下游地区。南北区分在先秦即已存在。《诗经》中有云："滔滔江汉，南国之纪。""奄受北国，因以其伯。"《论语》中还提到过"南人"一词："南人有言曰：人而无恒，不可以作巫医。"但南北区分的加深则是在后来长达350多年南北对峙的魏晋南北朝时期，从那以后，南北概念便几乎牢牢印在每一个中国人的脑子里，南人和北人的称呼也一直沿用至今。在中国历史上，对北方和南方又有多种提法，或称中原和江东，或称西北和东南，或称中夏或荆楚，或称燕赵和江左。但不管怎样，它们都显然是指黄河流域地区和长江流域地区。

位于北纬33°—42°间的黄河流域，多由高原和平原组成，自然环境并不理想，地形高下悬殊，黄土覆盖，土地贫瘠，气候恶劣。下游海拔不足100米，上游海拔却高达2000—4000米，遭受着世界上最强大的西伯利亚冷高气压的侵袭，干冷，少雨，多风沙，温差大；一月份平均气温在0℃以下，中上游地区昼夜温差在14℃—15℃之间；全年降水量不足600毫米，即使全部用于灌溉也不够，且多集中在夏天，因而闹旱灾的同时又可能闹水灾，水旱交加（见图表8：黄河流域和长江流域地理环境）。黄河在给人们带来生存希望的同时，又带来无穷无尽的灾难。今天，我们多以为黄河泛滥是人为破坏植被造成，其实更主要是地理因素使然：黄河南北跨度大，流向曲折；春季，靠南的上游地段已解冻，靠北的下游地段还层冰覆盖，加上夏季的雨势急暴，易于造成泛滥可想而知。黄河流域北部比邻蒙古大草原，在这片水草丰茂、茫茫无垠的大地上，一个个强悍无比的游牧民族相继诞生，而当它们羽毛丰满时，几乎无一不挥师南下，从而对中国北方居民构成严重威胁。1904年，英国地理学家麦金德（Mackinder，1861—1947）在其轰动一时的《历史的地理枢纽》一书中声称，中国北部的蒙古大草原，苏联的亚洲部分南部以及东欧一带，是所谓世界的地理枢纽（geographical pivots），谁占据这里，就能向外出击，控制全球。这样，中国的黄河流域正处在其南面首当其冲的位置，恰如自然气候面临世界上最强大的冷高气压一样。从而不难理解，中国被"异族"征服和统治的次数，在世界上几乎首屈一指。[①] 于是，为抵抗外来入侵，人们不惜付出巨大而沉重的代价，一次又一次地反复修筑长城，似乎在这种无休止的劳作中可以获得心理上的安全感；尽管长城从来没有阻止过"外族"如入无人之境的长驱直入。黄河流域聚居着多样的少数民族。据统计，中国有历史记载的少数民族不下一百种，如西周时的猃狁，春秋战国时的戎狄，秦汉以后的匈奴、鲜卑、羌、胡、突厥、沙陀、契丹、鞑靼、女真、蒙古、月氏、回纥，等等，而其中十之八九出现在黄河流域及其附近。由于历史和自然环境的原因，这些少数族大多处于游牧文化阶段；他们在长期与汉民族发生冲突的同时，又逐渐为之同化与融合，从而不断给北方居民注入游牧文化特有的粗犷豪放基因。以致至今有人认为，北部中国人几乎无一例外拥有"外族"血统。[②] 其实，北方汉民族自身也经历过漫长的游牧文化阶段。在人们心目中，黄河流域似乎从来就属于农耕文化；但实际上农耕文化是到周代以后才完全形成，而在这之前的漫长年代里则是一种山地游牧文化，甚至直到商代依然如此。[③] 不少迹象表明：中国北方文化最早起源于山林。《尔雅》有云："林烝，君也。"以"林烝"作为君主的代称，说明最早的君主出自山林。《尚书》称四方部落的首领为"四岳"。《孟子》也有"得乎丘民为天子"的说法，把百姓称为"丘民"。从这些称谓可以推断，古代北方部落大都深居山林，以畜牧为生。难怪后世帝王即位，都要登山封禅，以示对文明发祥地的崇敬。另外，黄河流域易于开发的高原平原地形，又使之过早地成为中华民族轰轰烈烈的历史活动舞台。相传黄帝从昆仑山麓发源，渐次

---

① 参看《中国文化之特征》。

② 参看林语堂《中国人》。

③ 参看《中国文化之特征》。

东下，与蚩尤大战于涿鹿（在今河北），受到中原各氏族的拥戴，炎黄子孙便长期定鼎河朔中原，在这里生息、繁衍、角逐、争夺，于是，朝代更换频繁，政治变动急剧，兵燹连年不断。夏商周轮流入主，春秋分裂为七十二诸侯，战国并为七雄；秦一统天下，陈胜吴广揭竿而起；楚汉相争，西汉为东汉所取代；三国鼎立，"五胡乱华"，晋家东迁；北朝魏齐周，交替并存；唐王登基，藩镇割据；五代十国，梁唐晋汉周在不到六十年的时间里像走马灯似的五易其主；宋太祖陈桥兵变，一统江山；靖康之难，宋室南渡；辽金几近随心所欲地践踏赵宋王朝，却最终逃脱不了蒙古铁蹄的灭顶之灾……中国历史上这一个个重大的政治变故，莫不是一幅幅在黄河流域上演"逐鹿中原"的历史画面。伴随着这一个个历史画面留下的鲜明的历史印迹是，在中国这块土地上，总是北方一次又一次地战胜并统一南方，秦吞六国，汉据关中而胜楚，晋灭吴，五胡逼晋，隋灭陈，辽金压宋，蒙古灭西夏……

图表8　黄河流域和长江流域地理环境*

地理环境 ＼ 流域		黄　　　　河	长　　　　江
主要地形区		黄土高原华北平原	长江中下游平原
气候	温度带和干湿状况	暖温带半湿润半干旱地区	亚热带湿润地区
	最冷一月平均气温	0℃以下	0℃以上
	年降水量	300—800毫米	1000—1500毫米
	无霜期	3—8个月	8—11个月
	气候变化率	25%—30%	15%—20%
水文特征		流量小，水位变化大，含沙量多，汛期短，有结冰期	流量大，水位变化小，含沙量少，汛期长，无结冰期
土　壤		钙　质　土	水稻土　红壤

*根据《地理知识》杂志编制。

　　相反，位于北纬25°—33°的长江流域，多由平原和丘陵组成，自然条件相对优越。土地肥沃，气候温和，雨量充沛。全年最冷时期一月份平均气温在 0℃ 以上，霜期短，气候变化率在 15%—20% 之间，小于黄河流域的 25%—30%；全年降水量 1000—1500 毫米，加上众多的河汊湖泊，十分有利于农业生产（见图表 8：黄河流域和长江流域地理环境）。如果说，黄河流域经历过漫长的游牧文化阶段，那么长江流域则可能一开始就属于农耕文化而未经历过游牧阶段。《庄子》有云："民与麋鹿共处，耕而食，织而衣。"大概就是对这种历史程序的依稀记忆；而 20 世纪 70 年代在长江中下游发掘的新石器马家浜、河姆渡文化保存有迄今为止我国最早的稻谷栽培遗存的事实，恰恰证明这种记忆十分接近事实。不过，在地理学意义上，山地又是一个被动态区域包围的静态区域①，江淮平原上纵横密布的丘陵河泽，又妨碍着人们的行动往来。"山无蹊隧，泽无舟梁……民居不知所为，行不知所之。"②"邻国相望，鸡犬之声相闻，民至老死不相往来。"③ 在产生于江淮一带的老庄学派对于远古氏族社会的回忆中，我们不难想象当时人们的这种生活图景，而这也正是南方小国寡民思想的地理环境的根源。黑格尔有一句名言："平凡的流域把人类束缚在土地上，把他卷入无穷的依赖性里边。"④ 显然，就依赖性而言，这一描述用于长江流域比用于黄河流域更为贴切。过去，我们一向把黄河流域视为中国文明的中心源头。但是，近年来随着长江流域青莲岗、大汶口、马家浜、河姆渡、屈家岭等新石器文化，尤其是元谋猿人的发现与研究⑤，这种单一中心说已摇摇欲坠，而更多倾向于中国文明有两个并行不悖的源头：由黄河流域和长江流域共同发展而来。而相比之下，长江文明的历史要悠久得多；1965 年发现的长江流域元谋猿人，要比

---

① 参看陈芳惠著《历史地理学》，台湾，大中国图书公司 1977 年版。

② 《庄子·马蹄》。

③ 《老子》十八章。

④ 《历史哲学》，商务印书馆 1963 年版。

⑤ 参看中国社会科学院考古研究所编著《新中国的考古发现和研究》，文物出版社 1984 年版。

黄河流域的北京猿人和蓝田猿人早100多万年，由此把中国文明的历史提前了100多万年。然而，大概由于这同样的地理环境的原因，长江流域后来的发达（尤其在唐宋以前）却远远落后于北方。表现之一就是定鼎南方的痕迹寥寥无几。据统计，从先秦至北宋，共有41个朝代和姓氏在黄河流域建都，而在长江流域建都的，只有12个朝代和姓氏，并且大多是为躲避战乱南迁的结果（见图表9：黄河流域国都表和图表10：长江流域国都表）。

图表9　黄河流域国都表

朝代或姓氏		国　都
三皇	太皞伏羲氏	陈（河南）
	炎帝神农氏	曲阜（山东）
	黄帝轩辕氏	涿鹿（河北）
五帝	少皞金天氏	穷桑（山东）
	颛顼高阳氏	帝丘（河南）
	帝喾高辛氏	亳（河南）
	帝尧陶唐氏	平阳（山西）
	帝舜有虞氏	蒲板（山西）
三代	夏	安邑（山西）
	商	亳（河南）
	周	洛阳（河南）
秦		咸阳（陕西）
汉	西　汉	长安（陕西）
	东　汉	洛阳（河南）
魏晋南北朝	魏	邺（河北）
	西　晋	洛阳（河南）
	北　魏	洛阳（河南）
	北　齐	邺（河北）
	北　周	长安（陕西）
隋		长安（陕西）

朝代或姓氏		国 都
唐		长安（陕西）
五代	后 梁	汴（河南）
	后 唐	洛阳（河南）
	后 晋	汴（河南）
	后 汉	汴（河南）
	后 周	汴（河南）
北宋		汴（河南）
金		北京（河北），汴（河南）
元		大都（河北）
明		北京（河北）
清		北京（河北）

图表10 长江流域国都表

朝代或姓氏		国 都
六朝	吴	建业（江苏）
	东 晋	建康（江苏）
	宋	建康（江苏）
	齐	建康（江苏）
	梁	建康（江苏）
	陈	建康（江苏）
南 宋		临安（浙江）
明		应天府（江苏）

1931年，李四光在一篇题为《中国周期性的内部冲突》的论文中提出一个惊人的观点：中国历史的发展不长不短刚好以800年为一个周期；每一个周期都从短命而军事上十分强大的王朝开始，它把中国在经过数百年的内部纷争之后重新统一起来，尔后是500年的和平，中间一次改朝换代，接着是一系列战乱，最后，首都从北方迁往南方。伴随着每个强盛王朝的兴起，总有一批规模宏伟的工程出现在北方的大地上：

秦朝修筑万里长城、阿房宫，隋朝开凿大运河，明朝重建长城并修建北京城。不过，这一切辉煌的历史文明的重心均在北方；相反，南方在一定程度上却成了寻求"政治避难所"的世外桃源。与此相关的是，宋以前，北方人才济济，群星灿烂，史书记载的帝王将相、豪门贵族、英雄豪杰、志士仁人数不胜数，而南方寥若晨星。与黄河流域一样，长江流域也聚居有少数族，但远不如北方那么不计其数，有史记载最多的恐怕就是蛮和獠而已，但他们还不一定是指少数族，而多少是北人对南人的蔑称，因为自先秦以来，南方居民就一直被称为"南蛮"。同样，南方少数族统治者也不像北方那样给中原带来严重危害。由于以上这些原因，加上"天之所以限南北"的长江天堑的庇护，从而形成南方动乱少而安定多的局面。另一个有趣的现象是，与北方形成鲜明对照，历史上的北伐之师多以失败而告终。迄北宋为止，取胜者不过项羽、孙坚、刘裕、周瑜、谢玄等数人而已，而后两人还是在以守待攻中的胜利。真正战胜北方而统一中国的，只有后来明代的朱元璋（见图表11：中国历史周期的南北变迁）。

图表 11　中国历史周期的南北变迁

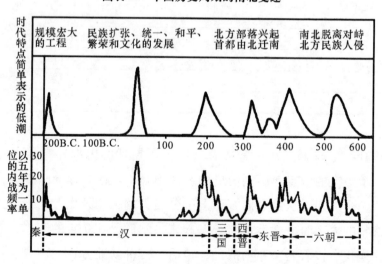

第一周期（公元前 221—558 年）830 年

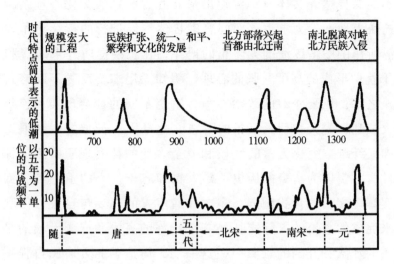

第二周期（589—1367年）780年

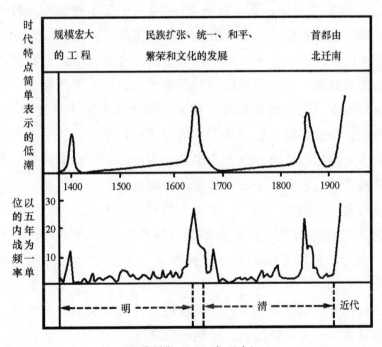

现代周期（1368年至今）

不同的自然人文环境，构建出南北互为区别的文化心理结构。在北方这块土地上，为求生存而同恶劣自然气候进行的持续抗争，与黄河泛滥所作的屡堵屡溃的无休止的搏斗，在长期提防外来入侵和"戎狄"干扰中形成的高度紧张的心理，明知无用却要反复不断修筑长城的固执之举；风云变幻的政治斗争，动荡不安的社会现实，连年不断的烽火战乱；先天和后天具备的游牧文化基因；苦难的生活锻造的粗糙的神经纤维，变化无常的气候和复杂多变的社会现实磨炼的惊人的适应性；对引以为自豪的历史英雄人物和志士仁人的追随和步武，面对现实辉煌文明的自我陶醉，多次践踏南方的狂妄与自豪；便利的交通往来促成的频繁的人际交往；苍茫雄浑的高原和广袤无垠的平原景象带来的壮阔和开阔的景象……这一切，铸造了北方居民自强不息的执著精神，"禹过家门而不入，孔席不暇暖，而墨突不得黔，孟车老于行"，"处处是穷途，不拟穷途哭"，具有坚忍不拔的顽强毅力，强烈的民族自尊心和排外心理；横亘朔漠的庄严的万里长城，与其说是整个中华民族的象征，不如说更多是中国北方居民维护自我尊严及其防范心理的外在反映；关注政治，注重现实，富于群体意识；标举礼仪，讲究法度，维护现存秩序；情感热烈而沉挚，个性刚毅而粗犷；骄横跋扈，争强好胜，盛气凌人，不可一世；重实行胜于重思辨，重人际胜于重自然，重内容胜于重形式；周游四方，慷慨任气，急人解难；弥漫着政治家和军事家的气质，雍容典雅的贵族气息，威严大度的帝王气象；充满着"壮士一去兮不复还"的豪迈气概，"知其不可为而为之"的悲剧气氛；秦晋刚劲，齐鲁庄重，幽并游侠，燕赵烈士……多元多态而又相对统一；被称为中国艺术史上的四位集大成者：杜（甫）诗、韩（愈）文、颜（真卿）书、吴（道子）画，无一不出在北方，这并非偶然："其规模常宏远，其局势常壮阔，其气魄常磅礴英鸷，有俊鹘盘云，横绝朔漠之概。"①

---

① 梁启超：《中国地理大势论》。

在南方这块土地上，相对优厚的自然条件带来的丰衣足食的安逸和满足，长期的安定承平，多次为避战乱而迫不得已的王室南迁，面对北方威胁而又有长江庇护的心安理得；相对单一的农耕文化加上相对单一的民族构成提供的文弱性格基因，相对单调的环境和相对单调的生活造成的纤弱神经；事半功倍的谋生给心灵带来的更多余暇空间；自然因素和社会因素复合而成的"静态区域"：人各一方，不相往来；只有对远古时代"小国寡民"生活图景的美好追忆而无现实辉煌文明的自我夸耀；一次又一次为北方所征服而在心理上投下的重重阴影；"杜若兰芷、杂花莺树、风烟俱净、森壁争霞"的旖旎南国风光对于平息内心痛苦的抚慰作用……这一切，铸造了南方居民安时处顺的精神特质，苟且偷安的社会心理；如果说长城是北方居民抗御外侮的精神支柱，长江便是南方居民寻求生活安宁的心理屏障；个性相对文弱，气质相对纤细；情感温和，多愁善感，哀而不壮；在现实中不思进取、在思辨中积极创新；富于个体意识，重视个人哲学，注重个人品格的修养胜于注重对社会政治的关注；长于批判短于建设，或特立独行，或愤世嫉俗，或玩世不恭；热爱和向往自然，力图摆脱尘世束缚，即使得不到现实的自由，也要挣得心灵的自由；讲究风度仪态，追求形式声色；长于想象、比兴、抒情；充满着幽怨情调和"知其不可为而安之"的宿命论色彩；有一种平民气息，以及文学家和艺术家的气质；纵然是帝王，也多起自布衣，即使身居高位，也雅好辞章……"其规模常绮丽，其局势常清隐，其气魄常文弱，有月明画舫，缓歌曼舞之规。"①

南北文化心理结构，可以从多种文化元素的复合体——民情风俗中，得到部分印证。南北民情风俗，在自汉代以来的一些重要史书、典籍和方志中有屡见重复的记载。如下面这些：

---

① 梁启超：《中国地理大势论》。

北方——

冀州（今河北一带）：土地沃少瘠多，是以伤于俭啬。其俗刚强。人多重农桑，性尤朴直，盖少轻诈。人性劲悍，习于戎马。俗重气侠，好结朋党；其相赴死生，亦出于仁义。前谚云：仕宦不偶遇冀部。人性敦厚，务在农桑，好尚儒学，而伤于迟重。游手好事，竞锥刀之末。

幽州（今河北北部一带）：其气躁急，愚悍少虑，轻薄无威仪。敢于赴人急难，其气内盛。有谚云：幽冀之人钝如锤。

中山（今河北唐县定县一带）：民俗懁急（性急），仰机利而食。丈夫相聚游戏，悲歌慷慨，起则相随椎剽（杀人劫财），休则掘冢作巧奸冶（为非作歹）。

镇州（今河北邯郸一带）：其人刚狠，无宾序之礼。土广俗杂。大率粗急，高气势，轻为奸。

沧州（今河北沧县一带）：风俗鸷戾（凶猛），高尚气力，轻为奸凶。

山西 山西土瘠，其人勤俭。

并州（今山西太原一带）：其气勇抗，诚信。韩赵魏谓之三晋剽悍，盗贼常为他郡剧。

蒲州（今山西永济一带）：其俗刚强，多豪杰。矜功名，尚侵夺，薄恩礼，好异生。

钟代石北（今山西北部一带）：地边胡，数被寇。人民矜懻忮（强直刚愎），好气，任侠为奸。

云中（今山西大同一带）：本戎狄之地，其民鄙朴，少礼文，好射猎。

河东（今山西黄河以东地区）：有先王之遗教，君子深思，小人俭陋。

辽州（今山西昔阳一带）：蕃汉相杂，好武少士。

雍州（今山西陕西间黄河地区）：人物混淆，华戎杂错。其性尤质直。尚俭约，习仁义，勤于稼穑，多畜牧。游手好事，竞锥刀之末。连接山胡，性多木强。桴鼓屡惊，盗贼不禁，此乃古今之所同。地势便利，以其下兵于诸侯，譬犹居高屋之上建瓴水也，常为王者奥区。

关西（今函谷关以西陕西一带）：地广人稀，逐水草畜牧，以兵马为务。

秦塞（关中地区）：俗与羌浑杂居，抚之则怀安，扰之则易动，自古然也。

同州（今陕西大荔一带）：人俗质木，不耻寇盗。性刚而好胜敌。

豳州（今陕西彬县一带）：公刘（周人先祖）处豳，其人有先王遗风，好稼穑，务本业。其俗尚勇力，习战备。居戎狄处，势使之然也。

西北诸郡（今陕西西部一带）：接近胡戎，多尚武节。

陇州（今陕西甘肃间陇山一带）：昆戎旧壤，迫切夷狄，修习武备。士则高尚气略，人以骑射为先。

天水陇西（今甘肃东部一带）：迫近戎狄，修习战备，高上气力。

鲁地（今山东曲阜一带）：地狭民众，颇有桑麻之业，无林泽之饶。今去圣久远，周公遗化稍微，孔氏庠序衰坏，然其好学犹愈于他俗，尚礼义，重廉耻。

青州（今山东一带）：其人矜于功名，依于经术，阔达多智，态度舒缓。男子多务农桑，崇尚学业，其归于俭约。

兖州（今山东兖州一带）：有周孔遗风。其人多好儒学，质直怀义，人性朴厚。

豫州（今河南一带）：禀中和之气，性理安舒。

陈州（今河南周口一带）：古者伏羲氏之王天下也，始画八卦，造书契，以代结绳记事，由是文籍生焉。于是风俗旧多儒学。

曹州（今山东河南一带）：硕学通儒，无绝古今。家尚质直，人多魁岸。不规商贾，肆力农桑。

滑州郑州（今河南滑县郑州一带）：周末有子路（孔子学生）、夏育（周代著名勇士），人民慕之，故其俗刚武尚气力。

颖川韩都（今河南禹县一带）：士有申子（申不害）、韩非子之刻害余烈，高士宦，好文法，民以贪婪争讼生分为失。

开封：厥性安舒，人多豪俊，好儒术，发以游豫（游乐），有魏公子之遗风。

河南府（今河南洛阳一带）：人性勇敢，负气，尚力。

徐州（今江苏淮河以北地区）：莫不贱商贾，务稼穑，尊儒慕学。人颇劲悍轻剽。

……

南方——

楚越（泛指江南一带）：地广人稀，饭稻羹鱼，或火耕而水耨，果蓏蠃蛤，不待买而足。地势饶食，无饥馑之患，以故呰窳（懒惰）偷生。

楚地（今湖北湖南一带）：有江汉川泽之饶，民食鱼稻，以渔猎山伐为业，食物常足。信巫鬼，重淫祀。

南楚（今湖北湖南东部一带）：南楚好辞，巧说少信。江南卑湿，丈夫早夭。

荆州（今湖北一带）：人多偷惰。信巫鬼，重淫祀，尤好楚歌；五月五日竞渡戏船，楚风最尚。自晋氏南迁，四方凑会，盖多衣冠之绪，稍尚礼义经籍。

房州（今湖北房县一带）：土地穷险，其人半楚，有蛮夷之风。人性多劲悍决烈，民俗安于山僻。

夷陵（今湖北宜昌一带）：民俗俭陋，常自足，无所仰于四方。时节同荆楚，民风载楚谣。

豫章（今江西一带）：沃野垦辟，家给人足，蓄藏无缺。故穰岁（丰年）则供商旅之求，饥年不告藏弱之糴。人食鱼稻。多尚黄老佛清净之教，重于隐遁。地方千里，水陆四通，风土爽垲，山川特秀。

宣州（今安徽境内长江以南地区）：川原沃衍，有水物之饶。其人巧而少信，多女而少男。自鼎国并建，永嘉东迁，衣冠违难，多所萃止。

寿州（今安徽寿县一带）：淮南之地，人多躁急，剽悍勇敢，轻进取，地气使之然也。

吴楚（泛指南方）：汉兴，高祖王兄子濞（刘濞）于吴，招致天下之娱游子弟枚乘，邹阳，严夫子之徒兴于文景之际。而淮南王安（刘安）亦都寿春（今安徽寿县附近，战国时曾为楚都），招宾客著书。而吴有严助，朱买臣，贵显汉朝，文辞并发。

楚州（今江苏淮河以南地区）：其俗轻扬淫佚，好学工文。

泰州（今江苏泰州一带）：永嘉之后，晋室东迁，衣冠违难，多所萃止，艺文儒术，斯之为盛；士好学而文，农民织纴稼穑。俗务儒雅，虽穷苍茅茨之下，往往闻弦诵声。

扬州其俗朴而不争，尚学好文。人性轻扬，尚鬼好祀。其人君子尚礼，庸庶敦庞，故风俗澄清，而道教隆治。与成都号为天下繁侈，故称扬益。

常州（今江苏常州无锡一带）：承太伯之高踪，由季子之遗烈（太伯、季札，均为吴国始祖，周之后裔，为避君位而遁迹江南），盖英雄之旧壤，杂吴夏之语音，人性质直，黎庶淳让。言地利，则三吴襟带之邦，百越舟车之会。举江左之郡者，常（州）润（州）其首焉。

吴越（今江浙一带）：其俗纤啬（长于计算），其人机变。吴越之君皆好勇，故其人至今好用剑，轻死易发。自永嘉南迁，斯为乡人，性礼让谦谨，亦骄奢淫逸。

婺州（今浙江金华一带）：东越之地，民俗轻躁，少信行，好淫祀。

巴蜀广汉（今四川一带）：土地肥美，有江水沃野、山林竹木、蔬食果实之饶。民食稻鱼，亡凶争忧。俗不愁苦，而轻易淫佚，柔弱褊厄。

梁州（长江汉水流域）：虽蓬室柴门，食必兼肉，好祀鬼神，多溺于逸乐。人多工巧绫锦雕镂之妙；少从宦人士，或至耆年白首，不离乡邑。崇重道教，犹有张鲁之风。颇慕文学，时有斐然。

岭南（今广东广西一带）：人杂夷獠（指南方少数族），不知教义。大抵南方遐阻，人强吏懦，豪富兼并，役属贫弱，作掠不意，古今是同。性并轻悍，易兴逆节。①

……

从上述历史记载来看，南北民情风俗，不能说没有共同的地方，但其差异性也是十分明显的。就北方而言，至少有以下几个相同特征：

（1）土地沃少瘠多。生产方式以"稼穑"为主，夹杂"畜牧"。

（2）"华戎杂错"，汉族与多种少数族杂居。

（3）为对付"戎狄"侵扰，多尚武节，并随时处于戒备状态。

（4）有史记载的古代圣贤和其他杰出人物众多，对后世有深远影响。

（5）儒学经术有广泛市场，注重仁义，讲究礼仪，追求功名。

（6）风俗鸷戾，人性劲悍、质直、尚气。

就南方而言，至少有以下几个相同特征：

（1）有沃野、水泽、山林之饶，无饥馑之患。

---

① 以上资料摘自《史记·货殖列传》、《汉书·地理志》、《隋书·地理志》、《通典》、《太平寰宇记》、《舆地广记》及其他一些方志。

（2）生产方式以农耕和织纴为主。

（3）有楚文化延伸的痕迹，巫风盛行，多不合礼仪的祭祀，重于隐逸，安于山僻，多崇尚老庄清静无为之说。

（4）风俗澄清，人性轻扬、文弱、褊厄。

（5）自晋室南迁后，儒学积层不断加厚，但原有的民情风俗并未改变。

（6）从王室到民间，颇慕文学，时有斐然。

撇开历史记载中褒北贬南的倾向，南北民情风俗的特征，大致表现为北杂南纯，北俊南秀，北肃南舒。这与我们此前的论述大致可以相互发明，相互印证。

最后，一个需补充说明的问题是，自然人文环境和文化心理结构的关系是：前者决定后者，后者在一定程度上反作用于前者。自然人文环境，即人在一定的自然条件下通过社会实践而形成的人文生态，包括生产方式、社会组织、人口状况、民族构成、历史传统、文化积淀、社会心理、民情风俗，等等，它们共同构成物质的和精神的客观实在，或者说物质的和精神的"文化场"。而人们在长期的社会实践及其这种物质的和精神的"文化场"中形成的一套稳固的心理反应机制及其价值体系，就是文化心理结构。文化心理结构不是具体的意识形态，也不是哲学的世界观，而是潜藏于意识形态背后而未上升到哲学高度的某种隐性框架。关于这种隐性框架，人们说法不一，或称文化核心，或称文化精神，或称民族心理素质，我们在本书中采用文化心理结构的提法。

自然人文环境对文化心理结构的影响是明显的，长期生活在一定的自然人文环境中，就会形成一定的文化心理结构。例如，东晋后中原士族南迁后，环境发生改变，自然条件相对优越，社会生活稳定，纵情于山水，加上军事上长期处于守势，文化心理结构便发生变化；此时的南方文化精神，既无强秦雄视天下的气魄，亦无西汉恢弘阔大的气象，而被史家称为"气格卑弱"。另外，即使短暂的环境改变，也会对文化心理结构产生某些影响。南北朝时期由南入北的庾信，一洗在南朝时创作的绮靡情调和无病呻吟之态，思想深沉，文章志成，"抽象对白之中，浩气舒卷"，形成苍劲悲凉的风格。唐代由北入南的作家柳宗元，羁留楚故地永州后，其山水记显得尤为清绝，颇具骚人之姿。司马迁，陕西龙门人，周游南国，"故其文奇姿荡轶，得南方江海烟云草木之气为多"①。庾信、柳宗元和司马迁文风的南北变迁，无论包含多少个人变故的因素，南北风土民情本身的感召或渗透都是不容忽视的原因。

反过来，文化心理结构对自然人文环境也会产生一定的反作用。当人们在社会实践中将固有的价值观念投射于特定地区，把本质力量对象化，也会引起当地生产方式和生活方式的改变，最显著的例子是19世纪英国移民迁往美洲，结果造成后来北美洲的全盘欧化，成为今天西方世界的一大主导力量。在我国历史上，类似的情况也屡有发生。据《太平寰宇记》记载：地处塞外的灵州（今宁夏灵武县），"本杂羌戎之俗，后周宣政二年，破陈将吴明徹，迁其人于灵州，其江左之人尚礼好学，习俗相化，因谓之塞北江南"；地处中原的商州（今河南商县）和南阳，"汉高祖发巴蜀伐三秦，迁巴中渠帅（名门贵族）七姓居商洛（商州），其俗至今犹多猎山伐林，深有楚风"，"秦灭韩，徙天下不轨之人于南阳，故其俗夸奢尚气力，好商贾"。当然，文化心理结构的投射，总是从高层次面向低层次，而原有的文化积层越薄弱越落后，越容易被重塑和改造。

不管怎样，文化心理结构，正是在这种自然人文环境和文化心理结构两者的长期互动中逐步调谐、整合、自律并定型化的，南北都不例外。

---

① 魏僖：《曾庭闻文集序》，见《魏叔子集》。

八　中国南北文化心理结构

　　……一个民族在长久的生命中要经过好几回这一类的更新；但他的本来面目依旧存在。

——丹纳：《艺术哲学》

　　一般认为，民族性格、价值标准、情感形态和思维方式，是文化心理结构的几个主要方面。在本章中，我们将把审视点集中在这几个方面，逐一分析其南北差异。

　　关于中国传统文化的讨论普遍认为，中华民族的性格属于内向型。中国东临滔滔大海，西北横亘漫漫戈壁，西南耸立着世界上最高峻的青藏高原；一面临海三面环山的内陆环境，形成一种天然的隔绝环境，与外部交往不多，内部却有较大的回旋余地。在这个相对闭塞的环境中，人们长期同比较稳定的农耕生产方式打交道，并受宗法制度的拘束，从而形成内向的民族性格：稳健、持重、忍耐、勤劳，安于现状，注重私德，富于自我尊严。然而，就南北而言，毋宁说，北方是内向中的外向，南方是内向中的内向。

　　据建国以来的考古资料和研究表明，中华民族的人种体质在新石器时代已南北接近，可至迟在旧时器时代晚期，人种骨骼化石还明显表现出南北差异；而即使在新石器时代，个别地区的南北差异也依然存在。20 世纪 70 年代发掘的长江下游河姆渡文化，其人种体质的长头、低面和宽平鼻骨，就有别于黄河下游大汶口人种的高颅、高面和高身材特征。总之，黄河流域的居民大多属于蒙古人种的东亚和南亚类型，长江流域的居民大多属于蒙古人种的边缘类型。近年来还有人提出，中国人种体质正是以长江为界分属两个不同的种族。在文化三坐标中——历史、种族和社会，种族是最稳固最持久并永远铭刻在文化中的印记。人种体质遗传下来的先天差异，加上后天自然人文因素的熔冶，便形成南北有别的民族性格。孟德斯鸠说："土地贫瘠，使人勤奋、俭朴、耐劳、勇敢和适于战争。""土地膏腴，使人因生活宽裕而柔弱、怠惰、贪生怕死。"① 如果这种说法不排除地理环境中的生产方式和生活方式的话，自然不无道理。大抵说来，北人胸襟开阔，率真而自信，坚强与刚毅中带几分粗犷豪放的气质，勇敢剽悍；南人心地宛曲，柔弱而时见果决，怯懦而时露轻狂，虽不乏轻锐之气，却难见粗犷气质。

唐代李筌《太白阴经》中有云："秦人劲，晋人刚，吴人怯蜀人懦，楚人轻，齐人多诈，越人浇薄（作风轻浮），海岱（东海与泰山之间地区）之人壮，崆峒（今甘肃东部一带）之人武，燕赵之人锐，凉陇（今甘肃西南一带）之人勇，韩魏（今河南一带）之人厚。"北人的刚劲、勇武、壮锐，南人的轻懦、浇薄、文弱大抵见出南北互为区别的个性。其实，早在传为子思所著的《中庸》里，已对南北民族性格作出较为准确的概括："宽柔以教，不报无道，南方之强也，君子居之；衽金革，死而不厌，北方之强也，而强者居之。"《广舆记》也对比过东南与西北的个性气质："西北之人直，其失也狠；东南之人诈，其失也易。故西北之政宜以严致平，东南之政宜以宽为治。""西北之风浑，其失也悍；东南之俗偷，其得也和。故西北以强胜而多失之乱，东南以治隆而多失之弱。""西北之兵劲，其失也肆；东南之兵嚣，其得也锐。故西北之兵便于持久，东南之兵利于速战。"自

① ［法］孟德斯鸠著，张雁深译，《论法的精神》，商务印书馆1963年版。

古以来，人们把水之北称作"阳"，水之南称作"阴"，认为北方多阳刚之气，南方多阴柔之气，其中就多少包含有北强南弱的意思。

与欧洲相比，我国民族性格北强南弱的格局，表现尤为突出。从气候因素看，中国的南北差异与欧洲无大区别；但欧洲南方拉丁民族滨海的地理位置，使之在向外开拓的冒险中培养出大无畏的英勇精神，因而足以同北方沉毅的日耳曼民族抗衡，甚至有过之而无不及。欧洲南方古罗马曾经征服过整个地中海的强盛无比的军事力量，几乎战胜过欧洲绝大多数国家的拿破仑的不可一世的威风，就是拉丁民族刚强个性的锋芒显露。因此，在欧洲，是"强国面对着强国，毗邻的民族都差不多一样地勇敢"[①]。在这个意义上说，中国南北差异的程度，远大于欧洲。

悬殊的民族性格，形成中国南北悬殊的风格样式。显然，投射在文学艺术中，北人强毅的个性，易于显现刚正端庄的形象，南人文弱的个性，易于呈露闲逸和婉的仪态；北人外向直露的胸襟，使之向往宏伟壮阔的景象，南人内向细致的心地，使之追求纤巧宛曲的格局。刘师培在《南北学派不同论》中描述道：北朝文章，质朴无华，叙事简直，发音刚劲；江左诗文，放诞纤丽，疏散风流，珠圆玉润。杜诗韩文，博大精深，气象雄浑，似洪钟巨响，震撼人心；曹植辞赋（准南方），忧深思远，措采摛文，纤冶伤雅。诗文之外，北方书法，端庄凝重，峻峭方整；南方书法，洒脱秀逸，摇曳多姿。绘画上，北宗派创始人李思训的山水画，笔力遒劲，气势磅礴，金碧辉煌；南宗派创始人王维的水墨画，意向逼真，飘逸潇洒，不拘一格……

从价值标准看，一个显著的区别是，北方多倾向于入世的人生哲学，南方多倾向于出世的人生哲学。马林诺夫斯基（Malinowski）《文化论》指出："价值完全起于内部的，为一切行动的准则。"

对北人来说，由于处在中国政治斗争旋涡的中心，王朝的盛衰几

---

① 孟德斯鸠：《论法的精神》。

乎同个人命运生死攸关，加上强毅的民族个性，以及在宗法制度下培养出来的群体意识，因此，理想多植根于现实，怀抱"修身，齐家，治国，平天下"的信念，"日周旋于君臣父子夫妇之间"，"以坚忍之志，强毅之气，恃其改作之理想，以与当时之社会争"①，在这种积极的群体活动中获得内在的满足。由于理想在人际关系，因而多高扬那种"富贵不能淫，贫贱不能移，威武不能屈"的伟大人格。强毅个性与伟大人格的追求相结合，体现在文学作品中，便是凛然不可犯的气概，强烈的外在逼向性，雄放劲悍的作风。相反，对南人来说，虽不反对入世，亦有自己的政治理想，但由于个性荏弱，大多难于一如既往，常常半途而废，转为消极避世：或愤世嫉俗，对现存制度进行激烈的批判；或遗外世俗，"同物我"、"齐死生"、"与物为春"、"乘物以游心"，在怡情自然中求取心灵的安慰。由于理想在世外自然，因而多追求那种"安时而处顺，哀乐不能入"的自由人格。矫情行为与自由人格的追求相结合，反映在文学创作中，便是独立物表的超诣神态，卓然不群的飘逸作风。

　　有关中国传统文化的讨论认为，就与政治的关系而言，中国知识分子的群体人格大致可以分为三种类型：依附人格，外圆内方，特立独行；具体表现为中间大，两头小，第一种和第三种属于两个极端。②有趣的是，也许同传统的南北价值观念有关，第一种人多出在北方，第三种人多出在南方。前者如周公、伊尹、孔子、孟子、韩非、李斯、魏徵、杜甫、韩愈，后者如老子、庄子、屈原、嵇康、阮籍、陶渊明、李白，等等。

　　与出世入世相关的另一价值标准是，北方多重内容而南方多重形式。自先秦以来，北方一直清晰地延伸着重视儒学经术的轨迹。西汉董仲舒阐释儒家经典，始创经学；东汉从事经学研究者多为北人，而

---

①　王国维：《屈子文学之精神》。
②　许纪霖：《中国知识分子群体人格的历史探索》，《走向未来》1987 年第 1 期。

山东郑玄集其大成；魏晋，经学南移，又与老庄思想混杂，变成具有
鲜明南方色调的玄学，与此同时，北方的五胡十六国又把正宗的儒学
经术保存下来；唐朝，史称儒释道并重，然而主持编写御用官书《五
经正义》的作者却是北朝遗民孔颖达，成为经学上的又一位集大成
者；至宋朝，仍是西北经学发达……儒学经术，作为中国封建社会的
正统，正是一种紧密配合现实，讲求实用的文化思想；它把文学当作
政治的附庸，主张宗经、载道、征圣，表现符合儒家道德规范的思想
感情。显然，注重社会现实和思想内容的倾向，加上北人真率而自信
的个性，正使之大胆地开放个人胸襟，强调"重乎气质"，主张"理
胜其辞"，重视价值判断胜于重视审美判断。相反，与南方盛行逃避
现实的老庄及其变种玄学一致，人们多向往自然，甚至把儒家的伦理
纲常也纳入自然的范畴，沉浸于冥思默想的思辨，虚无玄远的清谈，
讲究容貌举止，长于想象比兴，追求外在形式。显然，怡情自然和追
求形式的倾向，加上南人的矫情行为，反映在文学创作中，便是把个
人感情比附于具体景物，"连篇累牍，不出月露之形；积案盈箱，唯
是风云之状"①。或是在形式技巧上下工夫，咬文嚼字，精雕细刻，
"竞一韵之奇，争一字之巧"②。这些虽是针对齐梁文风提出的批评，
但与楚骚"香草美人"式的比兴和连珠俶诡的华美句式在价值追求上
实则如出一辙。"效骚命篇者，必归艳逸之华。"③ 前面提到的一个问
题在这里也迎刃而解：产生于先秦的辞赋之所以在六朝演变成骈文，
正是因为辞赋的精致华美形式十分切合南人的价值追求。

　　北方重内容南方重形式的格局，盖属常见的人文地理景观。欧洲
南方的拉丁民族和北方的日耳曼民族亦然如此。日耳曼人"对于快感
的要求不强，所以能做厌烦的事而不觉得厌烦。感官比较粗糙，所以

---

① 李谔：《上隋高祖革文华书》。
② 同上。
③ 刘勰：《文心雕龙·定势》。

喜欢内容过于形式，喜欢实际过于外表的装潢"①。反之，"拉丁民族最喜欢事物的外表和装饰，讨好感官与虚荣心的浮华场面，合乎逻辑的秩序，外形的对称，美妙的布局，总之是喜欢形式"②。

与民族性格和价值标准相联系，南北表现为不同的情感形态。王国维说，北方是热情派，南方是冷性派。③ 然毋宁说，只是和北人的外向直露不同，南人在"寡情"的外表下往往潜藏着一往情深。

一般说来，北人情感热烈而持久，强度（intensity）大，具有稳态性（stableness）；有时转变为暴风骤雨般的激情，紧张水平（tenselevel）高，具有冲动性（impulsiveness）；并且大多为主动的（initiative）情绪体验：慷慨、激昂、愤怒、不平……具有强烈的外在逼向性；而持续的热情和激情又常常表现为豪壮气概。相反，南人敏感而温和，情感强度小，一般不具冲动性；多愁善感（sentimental），流连哀思，绮靡伤情，呈现出幽怨色彩；或者，辄在厌世弃俗的举动中将情感深藏，显示出"万事不关心"的冷漠神态；同时大多是被动的（passive）情绪体验：悲哀、忧愁、惋惜、冷淡……具有平静的内在反思性。

宋代李涂《文章精义》云："《论语》气平，《孟子》气激，《庄子》气乐，《楚辞》气悲。"这在一定程度上正道出南北不同的情感形态。"平"与"激"，"乐"与"悲"，看似矛盾，实则相反相成。对于积极入世的北人来说，对自己追求的政治目标，多半保持着一种恒定的热情；而当追求遇到障碍时，非但不降低热情的程度，反而碰撞出具有冲击力的激情。对消极避世的南人来说，虽有社会理想，然一旦受挫，便易于形成悲哀的情绪反应。乐极生悲，同样，悲极生乐，对绝望的绝望就是希望，转而在力图摆脱尘世的大自然和心灵空间中，"翛然而往，翛然而来"，自得其乐，去深切地体味生命的价值和

---

① ［法］丹纳著，傅雷译：《艺术哲学》，人民文学出版社 1963 年版。

② 同上。

③ 《屈子文学之精神》。

意义，于是倒显出一往情深。

心理学上一般按情绪特征把人划分为四种类型：热情的人，情绪激昂的人，冷淡的人，多愁善感的人。① 十分巧合，前二者正与孔孟相当，后二者正与庄骚相当。

南人的长于想象比兴，也跟他们的个性气质和情感形态有关。"大自然赋予这些人民（南方）一种软弱的性格，所以怯懦；同时又赋给他们很活泼的一种想象力。"② 心理学上指出，多愁善感的人具有倾向于直观性的特点，仿佛是通过亲身体验和情绪状态来反映客观世界。不难理解，在"乘物游心"中，在平静的反思与观照中，更能形成丰富的联想并将情感对象化，使客体染上主观色彩。

王国维指出，南方长于思辨而短于实行，北方长于实行而短于思辨。③ 然就思辨言，毋宁说，南北存在两种不同的思维方式。

由价值标准决定，北人多在积极的行动中追求社会理想，长期的社会实践，使之积累起丰富的感性经验和认识，但又难于在"静态区域"的环境中作进一步的整理；同时，由于受政治的牵制，以及受解决客观问题的情境即客观的论据、资料和逻辑的左右；也不能作纯形而上的思辨，因此，往往不能达到较高层次的综合水平，而只是将众多的材料作简单的归并，成为一种泛化（general）的概括，即"根据个别的，多半是非本质的外部特征的共同点对于各种对象所作的简单联合"④。以经学为例，始作俑者董仲舒，在继承儒家宗法思想的同时，又杂以阴阳五行之说，把神权、君权、父权、夫权糅合在一起，以天道比附人事，成为封建神学的大杂烩；集大成者郑玄，整理儒家经典，喜综合，不喜分析，求同存异，以《礼》注《诗》，以《周官》为真周制，造成许多附会。

---

① 　［苏］波果斯洛夫斯基等：《普通心理学》，人民教育出版社 1979 年版。
② 　孟德斯鸠：《论法的精神》。
③ 　《屈子文学之精神》。
④ 　［苏］波果斯洛夫斯基等：《普通心理学》。

心理学上，可以把思维分作两极：现实极与我向极。① 北方显然属于前者，即现实性思维（realistic thinking）。反之，南方则接近我向思维（autistic thinking）。

我向思维，这是一种以想象形式来表达主体潜在需要的思维。就南人而言，即是在执拗挣脱现实的束缚中依据主观需要所作的某种"谬悠"玄想。在这种思维中，由于一般不受解决客观问题条件的限制，避开政治的羁绊，自然和社会环境便不再具有重要意义，对直接感性材料的需求也大大减少，甚至力图超越感性认识而直达理性认识，因而往往能够进到较高层次的综合水平，表现出相当程度的抽象思辨能力。"当人们联合真正具有大多数类似特征的对象时（不论是基本的、本质的，还是局部的、偶然的特征），概括就处于更高的水平。"② 庄子以"谬悠之说，荒唐之言，无端崖之辞"在比拟事物道理方面而表现出来的几乎是非人间的敏感和直觉，即其突出代表。有人认为，具有南方色调而又息息相通的庄、玄、禅哲学，与黑格尔哲学非常接近，就因为它们共同表现出相当高的抽象思辨特征。在这一点上，南方显然超过北方。

《隋书·儒林传序》说："南北所治，章句好尚，互有不同。江左《周易》则王辅嗣，《尚书》则孔安国，《左传》则杜元凯，河洛《左传》则服子慎，《尚书》《周易》则郑康成。《诗》则并主于毛公，《礼》则同遵于郑氏。大抵南人约简，得其英华，北学深芜，穷其枝叶。"这里提到自汉至隋南北儒学的差别：北方注重以训诂章句解释经典，堆砌材料，比附政治，化简为繁，而南方则注重理论上的发挥，讲求经义，探究名理，化难为易；概言之，南学表现为"约简"，北学表现为"深芜"。"约简"和"深芜"，不正反映出南北综合概括水平的高低的区分？

---

① 参看［英］罗伯特·汤姆生著，许卓松译《思维心理学》，福建科学技术出版社1985年版。

② ［苏］波果斯洛夫斯基等：《普通心理学》。

所以，我们对南北文化心理结构四个方面的分解，正如对韩愈、欧阳修与南北文化联结的分析一样，是在对照中依据其基本的和主导的方面而言。因此，以上所述，是扬弃了北方文化中的南方因素和南方文化中的北方因素，并暂时排除了外来影响因素的结果；做这样的净化处理后，南北文化心理结构的对比便一目了然。或许，这就是中华民族文化隐性框架的两个基本层面；它们天然合成，又互为区别，具有相当的静止性、稳定性和持久性，就是在今天也不难见其踪影，一直在延续。

林语堂在《中国人》一书中，对中国南北文化风貌及其心态，有一段融贯古今的描述，虽未集中在我们上面所说的四个方面，而涉及种族、血统、历史、风俗、诗歌等内容，但多少可以作为我们论述的补充。现摘录如下，以供参考：

　　南方与北方的中国人被文化纽带连在一起，成为一个民族。但他们在性格、体魄、习俗上的区别之大，不亚于地中海人与北欧日耳曼人的区别。

　　……这里，中国人这个抽象概念几乎消失，代之而来的是一幅多种族的画卷，身材大小不同，脾气与心理构成各异。只有当我们试图让一个南方出生的将军去领导北方的士兵时，我们才发现这种客观差异。一方面，我们看到的是北方的中国人，习惯于简单质朴的思维和艰苦的生活，身材高大健壮，性格热情幽默，吃大葱，爱开玩笑。他们是自然之子，从各方面来讲更像蒙古人，与上海浙江一带的人相比则更为保守，他们没有丧失掉自己的种族活力。……他们致使中国产生了一代又一代的地方割据王国，他们也为描写中国战争冒险的小说提供了人物素材。

　　在东南边疆，长江以南，人们会看到另一种人。他们习惯于安逸，勤于修养，老于世故，头脑发达，身体退化，喜爱诗歌，喜欢舒适。他们是圆滑但发育不全的男人，苗条但神经衰弱的女人。他们喝燕窝汤，吃莲子。他们是精明的商人，出色的文学家，战场上的胆小鬼，随时准备在伸出的拳头落在自己头上之前就翻滚在地，哭爹喊娘。他们是在晋代末年带着自己的书籍和绘画渡江南下的有教养的中国大家族的后代。那时，中国北方被野蛮部落所侵犯。

在中国正南的广东，我们又遇到另一种中国人。他们充满了种族的活力，人人都是男子汉，吃饭、工作都是男子汉的风格。他们有事业心，无忧无虑，挥霍浪费，好斗，好冒险，图进取，脾气急躁，在表面的中国文化之下是吃蛇的土著居民的传统，这显然是中国古代南方粤人血统的强烈混合物。在汉口的南北，所谓华中地区，是信誓旦旦却又喜欢搞点阴谋的湖北人，被其他省市的人称作"天上九头鸟，地下湖北佬"，因为他们从不服输。他们认为辣椒要放在油里炸一下，否则不够辣，不好吃。而湖南人则以勇武和坚韧闻名，是古代楚国武士后裔中较为使人喜欢的一些人。

由于贸易，由于皇家规定入仕的才子要到外省做官，而这些官吏家属也随往定居的缘故，种族开始有些混合，使省与省之间的区别有所减小。然而，总的倾向依旧存在。一个明显的事实是，北方人基本上是征服者，而南方人基本上是商人。在所有以武力夺取政权而建立自己的朝代的盗匪中，没有一个是江南人。吃大米的南方人不能登上龙位，只有吃面条的北方人才可以，这是一贯的传统。事实上，除了唐与后周两代创业帝王来自甘肃东北，于是颇有土耳其血统之嫌以外，所有伟大王朝的创业者都来自一个相当狭窄的山区，即陇海铁路周围，包括河南东部、河北南部、山东西部，以及安徽北部。如果我们以陇海铁路某一点为中心画一个方圆若干里的圆圈，并不是没有可能，圈内就是那些帝王们的出生地。汉朝的创业帝王来自徐州的沛县，晋室始祖来自河南，宋室来自河北南部的涿县，明太祖朱洪武则来自安徽凤阳。

今天……大部分将军们是从河北、山东、安徽、河南来的，仍然是陇海线周围。山东出了吴佩孚、张宗昌、孙传芳、卢永祥；河北出了齐燮元、李景琳、张之江、鹿钟麟；河南出了袁世凯；安徽出了冯玉祥、段祺瑞。江苏没有产生伟大的将军，却出了一些出色的旅馆茶房。半个世纪之前，华中的湖南出了曾国藩，是个例外，却也恰好证明规则正确：尽管曾国藩是一流的学者与将军，但因为他生在南方，吃稻米而不是吃面条长大，所以他命里注定只能是一个显贵的大臣，而不可能建立一个新的王朝。这后一项工作需要北方人的粗犷与豪放，需要一点真正可爱的流浪汉性格，需要爱好战争和混乱的天才——对费厄泼赖，对学问及儒家伦理都嗤之以鼻，直到自己稳稳地坐在龙位之上，再将儒家的君主主义捡起来，这是个极有用的东西。

粗犷豪放的北方，温柔和婉的南方，这些区别在他们各自的语言、音乐和诗歌中都能看到。我们来对比一下陕西乐曲与苏州乐曲的差异。陕西乐曲用一种木板控制速度，声调铿锵，音节高昂而响亮，有如瑞士山歌，使人联想到呼号的风声，似在旷野里，又似风吹沙丘。另一方面，苏州乐曲的低声吟唱，介乎于叹息与鼾声之间，喉音和鼻音很重，很容易使人联想到一个精疲力竭的气喘病人，那习惯性的叹息和呻吟已经变成了有节奏的颤抖。在语言上，我们听到的是北京话洪亮、清晰的节奏，轻重交替，非常悦耳；而苏州妇女则轻柔、甜蜜地唠唠叨叨，用一种圆唇元音，婉转的声调，其强调的力量并不在很大的爆破音，而在句尾拖长了的、有些细微差别的音节。

在诗歌中，这种区别就更加明显了，尤其在4、5、6世纪。当时，北方中国第一次被鞑靼人征服，北方的文人移居南方。这时，伤感的爱情诗在南朝盛行。许多南朝的君主都是了不起的抒情歌手。一种题材别致的爱情小曲《子夜歌》也在民间产生并发展起来了。对比一下这些感伤的诗歌与北方新鲜、质朴的诗歌是很有启发的。南方佚名的诗人在这种很流行的小曲中唱道："打杀长鸣鸡，弹去乌臼鸟。愿得连暝不复曙，一年都一晓。"另一首小曲唱道："途涩无人行，冒寒往相觅。若不信侬时，但看雪上迹。"

南宋之际，一种称作"词"的有独特风格的抒情诗发展起来了，其内容不外是妇女的深闺幽怨，红烛泪干，中意的胭脂、眉笔、丝绸、帏帐、珠帘朱栏，无可挽回的春天，消瘦的恋人，羸弱的心上人儿等等。写这种伤感的诗歌的人应该被写那种简短、质朴、直接描写北方荒凉风景而不加雕饰的诗歌的人所征服，这实在也是自然的事。下面是一首典型的北方诗歌："敕勒川，阴山下。天似穹庐，笼盖四野。天苍苍，野茫茫，风吹草低见牛羊。"一个北方将领在遭到惨败之后，正是用这首诗把他的士兵又集合起来，送上前线去战斗。我们再来看一首歌咏新买宝刀的诗歌，与南方的爱情诗歌作一对比："新买五尺刀，悬著中梁柱，一日三摩挲，剧于十五女。"另一首诗是这样写的："遥看孟津河，杨柳郁婆娑；我是虏家儿，不解汉儿歌。健儿须快马，快马须健儿；跸跋黄尘下，然后别雄雌。"这首诗歌也曾被胡适博士引用，来证明同一主题。这样一些诗歌开阔了我们思考问题的视野，使我们对构成中华民族的北方血统与南方血统的不同有了更深的认识。……

过去有一种观点认为，南北差异在南北对峙时代表现明显，在大一统时代表现不明显，但就文化心理结构而言未必如此。大一统时代只是由于共同的政治文化纽带在表层上把它们掩盖了起来而已，差异并未消失。今天，在南北文化交汇几乎已达到融合无间地步的情况下，人们还兴趣浓厚地谈论"京派"文化和"海派"文化的区别，北京文化和广州文化的区别，就是再好不过的证明。尽管当代南北差异的复杂化程度今非昔比，但毫无疑问，它们却是在古代南北差异沉积岩上的进一步累积和增长，何况中国文化从未出现过类似印度文化因雅利安人入侵而被摧毁，埃及文化因亚历山大大帝占领而希腊化，罗马文化因日耳曼族南侵而中绝那样的"断层"现象。丹纳在《艺术哲学》中写道："……一个民族在长久的生命中要经过好几回这一类的更新；但他的本来面目依旧存在"，"在最初的祖先身上显露的心情与精神本质，在最后子孙身上照样出现"，"——这便是原始的花岗石，寿命与民族一样长久；那是一个底层，让以后的时代把以后的岩层辅上去……"抹去其神秘色彩的渲染，大概正指文化心理结构。

九 核心地带:河洛和吴楚

在个人无意识的心理中，先天遗传着一种"种族记忆"……

——荣 格

中国南北文化有两个核心地带：河洛和吴楚。河洛，即黄河洛水间地区（今河南洛阳至陕西西安一带），是夏商周三代定居、生息、兴起和攘夺之地。据史书记载，夏禹建都阳城（今河南登封东南），又建都安邑（今山西夏县西北）；商汤依次建都南亳、北亳、西亳（均在今河南商丘偃师一带），至盘庚迁殷（今河南安阳西北），后又迁至偃师（在今河南）；周之先祖古公亶父开发岐山（今陕西岐山县东北），周公、文王和武王建都丰京（今陕西西安西南）、镐京（今陕西长安县附近），至平王迁至洛邑（今河南洛阳）。"三代之君，皆在河洛"，河洛遂成为中国古文化，或者北方文化的发源地。至春秋战国，北方文化演变成邹鲁、三晋、燕齐三个区域，①而其中以邹鲁保存三代文化为最多。这是因为自周平王东迁后，岐山、丰京和镐京一带反而变得空虚，文化典籍集中于洛阳，洛阳地处秦中与华北平原的交接点，水陆交通发达，文化典籍向东传播至邹鲁地区，经孔子和孟

---

① 参看任继愈《中国古代哲学发展的地区性》，见《中华学术论文集》，中华书局1981年版。

子的整理和发扬,从而形成儒家学说。邹鲁文化,即以诗书礼乐为核心的宗法制度,后世多以为出自儒家,实际上是三代,尤其是西周以来数百年文化的累积,儒家不过是其思想结晶而已。先秦以后,随着社会政治、经济、文化的进一步积淀,河洛地区渐呈"西安—洛阳"轴心连线,成为中国北方文化的腹地。其间儒学经术虽遭秦始皇"焚书坑儒"的破坏,但又经汉武帝"独尊儒术"的复兴,加上十六国北朝的发扬光大,因而一直在这一地区传递、盛行、蔓延,至唐和北宋而不衰。在一定程度上,中国北方文化就是河洛文化内核的辐射与扩散。

　　吴楚,泛指今江南一带。吴乃周之后裔,周太王之子太伯和仲雍建都东南,始立吴国,春秋后期臻于强盛;三国时又有东吴建国:这一地区史称江左。至于楚,春秋时就作为周王朝的敌国出现,常与之兵戈相见,周人视为荆蛮。楚疆域辽阔,战国时版图已遍及长江中下游地区,南端达于广西东北角,史称江右。把吴楚联系起来始于何时,不得而知,至少《全晋文》中有"吴楚之民"的说法,唐代杜甫亦有:"吴楚东南坼,乾坤日夜浮"的诗句,可见已用吴楚代指江南地区。的确,吴和楚同样地处江南,又有着同样悠久的历史文化,用来代指江南再恰当不过。汉代,虽然全国实行"罢黜百家,独尊儒术"的思想统治,但楚文化仍在广大南方蔓延。魏晋以后,随着中原人口南移,吴楚地区得到重点开发,社会文化积层进一步加厚,称得上是南方文化的核心和代表。何况同属南方文化体系,楚文化和吴文化本来就息息相通,正如前所述,楚骚风调与齐梁作风在心理机制和表现形式上实际上是如出一辙。当然,作为中华文化圈的一部分,吴楚文化对儒家思想也取认同态度,但又明显保持自身的传统特色,与河洛文化形成强烈反差。可以说,在相当程度上,中国南方文化就是吴楚文化内核的辐射与扩散。

　　从韩欧二人青少年的经历来看,韩愈正是接受的河洛文化的熏陶,欧阳修正是接受的吴楚文化的熏陶。韩愈的故里在河阳,而河阳距洛阳仅一桥一水之隔；韩愈是 19 岁入京，25 岁登上仕途。所以，他在青少年时代常至洛阳并居住在那里，应属可能之事。唐代，洛阳仍是除长安以外中国最重要的历史文化名城。荟萃千余年的中原文物，必然会在韩愈的心灵上落下巨大投影，何况他一生后来的活动亦多集中在长安—洛阳这一轴心连线上。由此不难理解，他倡导的道统说，显然是三代，特别是西周以来宗法制度在他思想上的反映："尧以是传之舜，舜以是传之禹，禹以是传之汤，汤以是传之文武周公，文武周公传之孔子，孔子传之孟轲。"① 其中提到的尧、舜、禹、汤、文、武、周公、孔、孟等一连串人物，不是河洛地区的君主，就是河洛文化的集大成者。另外，在韩愈诗文中，对北方的膜拜和对南方的鄙视几乎成为一种相对而出的偏执意识。他在《与崔群书》中说："仆不乐江南，官满，便终老嵩（河南嵩山）下。"表示退休后要在河洛地区养老送终。在《石鼓歌》中竟讥笑被视为书圣的王羲之书法庸俗不堪："羲之俗书趁姿媚，数纸尚可博白鹅。"认为王羲之书法投世俗之所好，毫无价值。从而引起后人的种种猜测，有人为贤者讳，说韩愈不懂书法。其实原因很简单：就因为王羲之是东晋士族，其书法的审美追求根本不符合韩愈的口味！

虽然韩愈少年时代曾两次去过南方，一次是随伯兄韩会贬官岭南韶州（今广东韶关一带），一次是随兄嫂郑氏就食江南宣州（今安徽宣城），可看来南国风土并未给他留下什么好的印象。无怪乎他后来说："宣州虽称清凉高爽，然皆大江之南，风土不并以北。"② 认为包括宣州在内的江南风物，总不如北方那么惬意。实际上，作为江左腹地的宣州，素有"名山胜水甲天下"之称，颇受历代文人墨客的青睐，许多作家在此留下过动人的诗章，"澄江静如练，余霞散成绮"就是南朝诗人谢朓描写宣州风光的名句。在异口同声的赞扬声中，韩

---

① 《原道》。
② 《与崔群书》。

愈的微词是不和谐之音。也许他对宣州的反感正在这里:"自鼎国并建,永嘉东迁,衣冠违难,多所萃止。"① 即对三国和东晋以来南方历史文物的格格不入。后来韩愈两次贬官南方(潮州和阳山)而表现出对当地风土的鄙视,大概也与此有关。他笔下的阳山,山川是险恶的,风俗是丑陋的:"夹江荒茅篁竹之间,小吏十余家,皆鸟言夷面。始至言语不通,画地为字,然后可告以出租赋,奉期约。"② 而在其他文人的眼里,阳山却是"山川之秀,风气之和,与中土相似"。认为其风物与中原差不多。就是同时代的刘禹锡也称赞道:"剡中(今浙江)若问连州(阳山)事,唯有青山画不如。"认为阳山一带的风光连浙江也赶不上。

　　至于欧阳修,一方面,其祖祖辈辈"世家江南",本人"生四岁而孤",靠母亲郑氏教养长大。欧《年谱》说,郑氏"以荻画地,教公(欧阳修)书字,稍长,多诵古人篇章,使学为诗"。郑氏亦"世为江南名族"。这江南是江左还是江右,不得而知。但从当时东南好文和郑氏多传授诗文的情况来看,郑氏很可能是江左吴地人。宋《舆地广记》记载当时东南风俗说:"虽闾阎贱品,处力役之际,吟咏不辍;盖因颜谢徐庾之风扇焉。"颜谢徐庾,即南朝作家颜延之、谢灵运、徐陵和庾信,以诗文著称,"绮縠纷披,情灵摇荡",其遗风一直在江左一带流行。这样看来,郑氏传授诗文的情况是与东南风俗一致的。另一方面,欧阳修在踏上仕途之前,青年时代是在楚故地随州(今湖北随州)度过的。宋代,楚风在随州依然盛行:"时节同荆楚,民风载楚谣。"③ 因而不可避免受当地楚风的濡染。这样,欧阳修获取的文化遗传基因,正好来自具有代表性的南方吴楚文化。诚然,恰是在随州,他读到韩文,其后一生步其后尘,但由于他在接受韩愈影响以前,自身已具备吴楚文化的免疫力,因而不管韩愈这一层相在其文

---

　① 《三朝地理志》。
　② 《送区册序》。
　③ 《舆地纪胜》。

化情境上表现得如何突出、鲜明、稳固，以致在一定程度上已改变其自我形象（self-image），也只是叠加于其上的追加层相，而吴楚文化的基因照旧不变；恰如一个人可以选择自己的配偶，却不能选择自己的生身父母一样。由此不难理解，虽然欧阳修后来一生的活动主要集中在北方，却始终眷恋着南方。他在《送慧勤归余杭》一诗中，把江南越州（今浙江一带）与中原汴京（今河南开封）进行比较，盛赞南方富丽的建筑："越俗僭宫室，倾资事雕墙"；精美的饮食："南方精饮食，菌笋鄙羔羊"；秀丽的风光："东南地秀绝，山水澄清光"；并流露出对南方故土的怀念和久客北方的厌倦："夜枕闻北雁，归心逐南樯"；"岂如车马尘，鬓发染成霜"！

无独有偶，与韩愈一样，欧阳修也有两次贬官南方，一次在楚故地夷陵，一次在吴故地滁州。但与韩愈不同的是，欧阳修并没有表现出对南方风土的厌恶，而是如同返回故乡，一见如故，抑制不住内心的激动。在夷陵，他一再高兴地唱道："行见江山且吟咏，不因迁谪岂能来！"并经常拜访楚文物："荆楚先贤多胜迹，不辞携酒问邻翁。"对南方风物流连忘返，乐此不疲。尽管夷陵也同样是"地僻俗陋"："楚俗岁时多杂鬼，蛮风言语不通华。"而在滁州，则写出堪称他一生中最光彩照人的篇章《醉翁亭记》，充满着对当地土风的溢美之词。

同样不难理解的是，欧阳修在北宋科举之争中，始终站在东南一方，替南人说话。北宋时，由于传统和习俗的差异，"东南好文，西北尚质"，科举考试中进士多取自东南，经学多取自西北，从而引起北人的不满。北人要求实行分卷制，对西北降低标准录取。欧阳修站出来反对，提出："且遵旧制，但务择人。惟朝廷至公，待四方如一，惟能是选，人自无言。"① 主张坚持全国统考，一视同仁，以让南人有更多被录取的机会。后来在他主持贡举考试时，更亲自出马，大力举荐南人。如宋代著名的政治家和文学家王安石、苏氏父子、曾巩等，

---

① 欧阳修：《逐路取人札子》。

都受到过欧阳修的奖掖,他们无一不是南人。

上述事实再次表明:韩欧二人的文化情境大相径庭,一个最终汲取的是北方文化河洛内核的基因,一个最终汲取的是南方文化吴楚内核的基因。荣格指出:在个人无意识的心理中,不仅保留着他自己从童年以来的经验,而且保留着他所属种族的祖先们的经验;先天遗传着一种"种族记忆"①。韩欧分别与先秦和魏晋南北朝南北文化的联结,追本溯源,或许就是来自这种神秘而奇妙的"种族记忆",即各自对河洛文化和吴楚文化的先天认同;何况韩欧两人青少年时代的经历越发加固了这种"种族记忆"。虽然我们不敢断定,中国南北是否属于两个不同种族(因为对这个问题至今尚无定论),但有一点似乎可以肯定的是:假如我们承认中国文明是由长江和黄河两个独立的源头共同发展而来,那么即使后来随着南北文化的冲突、交汇和融合而种族差异逐渐缩小乃至消失的话,这种对种族的"记忆"却未必消失。作为"种族记忆"的同义语,即南北"集体无意识"仍在生长、持续、延伸,并在核心地带河洛与吴楚表现尤为突出。而它们之间的反差,则犹如"汗滴禾下土,粒粒皆辛苦"与"天苍苍,野茫茫,风吹草低见牛羊"两种人文地理景观的对比那么鲜明,无法混淆。所以,对韩欧来说,由于一在河洛长大,一在吴楚长大,不同的"种族记忆"便在他们身上体现出来,虽然时隐时现,但总在流露;虽然或明或暗,但总在闪现。这样,有悖于欧阳修初衷的是,尽管他对韩愈顶礼膜拜,模仿韩文达到惟妙惟肖的地步,却始终摆脱不了吴楚集体无意识的笼罩;而韩愈虽时有老庄思想情绪的流露和"风云刻绘"的艺术形式的显现,却始终未脱离河洛"集体无意识"的心理轨迹。在有意无意之中,韩欧都把他们"所要表达的思想从偶然和短暂提升到了永恒的王国"②,展示出两种风范,两种心态,两种文化——中国南

---

① 参看荣格《集体无意识的概念》。

② [瑞士]荣格:《论分析心理学与诗歌的关系》,见冯川等译《荣格文集》,改革出版社 1997 年版。

北文化。

然而有意思的是，我们承认南北"集体无意识"是客观存在，但在现实生活中，我们又很难找到充分反映其特征的代表人物。我们在本书中虽以韩欧为代表，但充其量他们也只是部分地而不是全部地展示了南北"集体无意识"。相反的例子倒几乎俯拾皆是。如我们常常感觉，某个南人不像南人，某个北人不像北人；某部产生于南方的作品不类似于南派，某部产生于北方的作品不类似于北派。问题正在这里："集体无意识是潜藏于每个人心底深处的超越个人的内容。"① 作为一种社会心理，集体无意识是通过无数的居民反映出来的，而不是集中体现在一两个人身上。换句话说，个人只能部分地而不能全部地代表集体无意识；而只有整体，只有由无数的个体组成的整体，才能代表集体无意识；集体无意识是超越个人而存在的社会心理。正因为这样，集体无意识作为一种普遍的社会心理，人人都不难感觉和体会到，但又人人都难以说清楚；它仿佛一片云，"遇之匪深，即之愈稀"，远看明晰如画，近看却什么都不是。就个人而言，他可能较多，也可能较少地反映他所属群体的集体无意识，甚至可能一点儿都不反映。但作为集体无意识，虽然随着人口的迁移变动，它可能与其他集体无意识发生交叉、融合乃至混同，却很难改变其本来面目，恰如一个男人如果具有女人味而仍旧是男人，一个女人如果具有男子气而仍旧是女人一样。道理就是如此简单，又如此令人困惑。

---

① 荣格：《集体无意识的概念》。

十　韩愈、欧阳修创作个性与南北差异

> 一个人的文化是他的参照系，由此诱导出其动机、目标
> 和价值。

——〔美〕克雷奇等：《心理学纲要》

韩欧各自的文化情境（河洛文化和吴楚文化的熏陶）及其同前代南北文化（先秦与魏晋南北朝）的联结，决定了他们在文风成因某些方面的南北差异。这些方面大致是：个性作风、文学思想、审美风尚和思维定势。下面分别简述之。

《晋书·谢安传》记载了东晋政治家谢安的这样一件著名轶事：

> 玄（谢玄）等既破坚（苻坚），有驿书至，安（谢安）方对客围棋。看书既竟，便摄放床上，了无喜色，棋如故。客问之，徐答云："小儿辈遂已破贼。"既罢，还内，过户限，心喜甚，不觉屐齿之折。其矫情镇物如此。

这个流传甚广的故事表明，当时南方士族很讲究一种擅长掩饰自己的"矫情"作风，所谓"泰山崩于前而色不变，麋鹿兴于左而目不瞬"，处变不惊，喜怒哀乐，不形于色。欧阳修一生对"名节"的追求，很接近这种矫情作风。他在《颍州谢上表》中说："忠义可以事

国，名节可以荣身。"把名誉节操看作是维护自我形象的价值尺度。他一生虽几次遭贬，却只微露惘然，决不感伤，更不唉声叹气，媚上取怜。晚年正蒙朝廷宠幸，德高望重，朝野载誉，却六次自请"致仕"，辞官归居。有人问其故，他回答道："某平生名节为后生描画尽，惟有速退以全节。"① 观其一生，无论升降陟黜，穷达阻通，他都处之泰然，不露骄矜，不怀怨望，终始一节。可以肯定，他在遭受挫折时内心并非没有苦痛，却埋藏得那么深，以致在别人眼里，依然"一切出于诚心直道，无所矜饰"。这种"名节"作风大概正是由于老庄"哀乐不能入"的"至人"追求，加上儒家忠孝思想对他的心灵塑造。然而透过它我们所看到的，与其说是一种坚强性格，毋宁说是一种柔弱本性。其"终始一节"的刚直行为，不过是经由文化价值的调节而展现出来的表象而已。他在《新五代史》中屡屡宣称，不论君主是明是暗，是圣是愚，即使外族入主中原，作为人臣，也要俯首帖耳，唯命是从；把他这种柔弱本性暴露无遗。

南人的这种"矫情"作风，绝非作为北人的韩愈所具。韩愈的个性是"真率"和倔强。《旧唐书·韩愈传》说："愈发言真率，无所畏避。"这不仅表现在他论宫市，谏佛骨，敢冒杀身之祸，触怒龙颜；逆潮流而动，力排佛老，为于举世不为之时；争强好胜，"商论之际，或不容人之短"；两次考进士，第一次未中，第二次答卷一字不改交上去；大言不惭，"自度若世无孔子，不当在弟子之列"。也表现在他三上宰相书，直言不讳，邀官请爵；胸无城府，在《与李翱书》中公开说自己不能学颜回的安贫乐道；遭贬后便哀叹咨嗟，流露出悔恨之意，更用封禅取媚主上；登华山下不来，便放声大哭，遗书家人……"直情径行，戎狄之道"。当然，真率是外观，倔强是内核。他自称"不因一摧折而自毁其道"和为实现其政治伦理目标而毕生抗争的事实，就是最好明证。

---

① 丁传靖：《宋人轶事汇编》，中华书局1981年版。

也许正因为这样，欧阳修推崇其文其道，却鄙薄其人，尤其是"真率"的一面。欧阳修在《与尹师鲁书》一文中批语韩愈道："当论事时，感激不避诛死，真若知义者；及到贬所，则戚戚怨嗟，有不堪之穷愁，形于文字，其心欢戚，无异庸人。虽韩文公不免此累。"两人个性作风之差别，于此可见。

风格即人。两种不同的个性作风造就韩欧完全相反的创作风格。曾国藩形容韩文是："如主人坐于堂上，而与堂下奴子言是非。"① 朱熹形容欧文是："如宾主相见，平心定气，说如话相似。"② 显然，前者给人的感受是：端庄凝重，居高临下，盛气凌人，语含肃杀，凛然不可犯；后者给人的感受是：彬彬有礼，平易近人，洒脱自如，纡余不迫，娓娓动听。韩文有若高山仰止，气象岩岩；欧文呈露飘洒风度，泰然自若。

一般认为，韩愈的"不平则鸣"和欧阳修的"穷而后工"，两者是别无二致的文学思想。然而，联系其各自的表述和创作实践来看，相近的说法中至少包含着两个方面的差异：一是在情感形态上，韩愈"主气"，欧阳修"主情"；二是在表情达意的方式上，韩愈重"赋格"，欧阳修重"比兴"。

韩愈的《送孟东野序》阐述"不平则鸣"的观点，排列出杂逻纷纭的自然和人文现象，令人目不暇接，其主旨不过在"有不得已者而后言，其歌也有思，其哭也有怀；凡出乎口而为声者，其皆有弗平者乎"！认为文学创作是作者发泄自己内心不平的结果。欧阳修《梅圣俞诗集序》表述"穷而后工"的观点则云："凡士之蕴其所有，而不得施于世者，多喜自放于山巅水涯之外，见虫鱼草木，风云鸟兽之状类，往往探其奇怪；内有忧思感愤之郁积，其兴于怨刺，以道羁臣寡妇之所叹，而写人情之难言。"认为作者心中的"情"是通过"自放

---

① 《求阙斋读书录》卷八《韩昌黎集》。
② 《朱子语类》。

山水"，借助于外物而表达出来。细加体会：韩愈"不平"所产生的
"气"，说到底也是一种情感，却可能更多是激情（intense emotion）
和气概（lofty quality），即"有不得已者而后言，其歌也有思，其哭也
有怀"；欧阳修"困穷"所产生的"情"，则可能更多是幽怨意绪
（sentimentality），或者说，一种柔靡之情，即"羁臣寡妇之所叹"，
"人情之难言"。情感形态并不一样。前者有些类似燕赵的慷慨悲歌，
后者有些接近江左的"流连哀思"。

　　北齐颜之推《颜氏家训》曾记载南北风俗云："江南饯送，下泣
言离……北间风俗，不屑此事，歧路言离，欢笑分离。""江南丧哭，
时有哀诉之言耳。山东重丧，则唯呼苍天，期功以下，则唯呼痛深。"
显然，北方多豪情，南方多柔情；北方多"长歌当哭"的场面，南方
多"眼泪汪汪"的场面。在韩愈的创作中，《进学解》和《送穷文》
对自己怀才不遇的悻悻不平，《讳辩》和《张中丞传后叙》替别人的
慷慨辩难，《师说》和《原毁》对社会不良风气的愤怒遣责，《论佛骨
表》和《与孟尚书书》对佛老猖獗的大无畏抵制，不就是激情与气概
的体现？李翱说得好，读韩文，犹见"秦汉间好侠行义之一豪俊耳"！
在欧阳修的创作中，《释秘演诗集序》、《张子野墓志铭》、《读李翱
文》、《苏氏文集序》、《黄梦升墓志铭》等一系列篇章，对所记主人公
的不幸遭遇：或老而不得志，或盛年而卒，或生不逢时，或受诬被
贬，或穷愁潦倒，而流露出来的悲天悯人心情，不就是幽怨意绪的体
现？读欧文，我们甚至惊讶地发现，他原来并不主张发泄不平。他在
《薛简肃公文集序》中说："失志之人，穷居隐约，苦心危虑，而极于
精思，与其有所感激发愤，惟无所施于世者，皆一寓于文辞，故曰：
穷者之言易工也。"主张把逆境中的感受化作精美的文辞，以获得不
良情绪的释放。在欧阳修安慰未中举友人的《送扬寘序》和《送曾巩
秀才序》里，一则劝其用琴"平其心以养其疾"，一则表彰其"不怪
罪有司"的做法。前者说："以多疾之体，有不平之心，居异宜之俗，
其能郁郁以久乎？然欲平其心以养其疾，于琴将有得焉。"后者说：

"然曾生（曾巩）不非同进，不罪有司，告予以归，思广其学而坚其守。予初骇其文，又壮其志。"这那里是"鸣不平"？分明是要平息"不平"！究其实，他是以"名节"的价值尺度来要求自己和别人，不让感情发展到暴风雨般的不可收拾的地步。两相对照，体现在韩文中的表情词汇，大多是豪迈、激昂、兀傲、恣肆、躁竞、热望、愤怼、悲概、块垒、不平……体现在欧文中的表情词汇，大多是恬静、平和、安详、惬意、惆怅、惋惜、恻怛、畏悯、凄艾、哀叹……

与情感形态有关，在表情达意的方式上，"不平则鸣"多倾向于直抒胸臆，"穷而后工"多倾向于感物兴怀。前者强调不假雕饰，当歌则歌，当哭则哭，任凭炽烈情感的奔注而不加阻拦，把个人的内心世界和盘托出，嬉笑怒骂，皆成文章。后者强调"自放山水"，"探其奇怪"，借景抒情，托物言志，把幽怨意绪寄寓于草木花卉，鸟兽虫鱼，风云月露，使感情对象化，以触发读者的情思。显然，前者接近"敷陈其事而直言之"的"赋"的形式，后者接近"以彼物比此物"和"先言他物以引起所咏之词"的"比兴"形式。韩文那种"如长江大注，千里一道"的奔腾气势，在相当程度上，就是借助"赋"的形式促成的。欧文那种"风流文物，照耀江左"的绚丽情调，在相当程度上，就是借助"比兴"的形式促成的。

当然，韩文也有"比兴"，其不少篇章就出色地运用了譬喻。如《送石处士序》用"若河决下流而东注"，"若驷马驾轻车就熟路"，"若烛照数计而龟卜"来形容石处士的侃侃而谈和谙熟事理；《韦侍讲盛山十二诗序》用"若筑河堤以障屋溜"，"若水之于海，冰之于夏日"，"若奏金石以破蟋蟀之鸣，虫飞之声"来形容儒者对于患难应取毫不介意的态度，等等。甚至还有几乎全篇用譬的《龙说》、《获麟解》、《应科目时与人书》一类文章。不过，大概由于韩文的"比兴"多注重比体的内蕴和质感而不大注重声色，因而往往给人以一种质直木强的感受。相反，欧阳修的"比兴"注重比体的声色。且不论那些专门刻画声色状貌的《秋声赋》、《荷花赋》、《鸣蝉赋》、《螟蛉赋》等辞赋，就是在诸如《送梅圣俞归河阳序》、《送徐无党南归序》、《集古录目序》等散文中，也多用草木鸟兽、珍奇异物作譬喻，连辞引发，蝉联而下，贯穿始终，造成一种整体的"比兴"感，闪现着奇情异彩。更主要的是，在欧文中司空见惯的自然景物的描绘，不论出于何种目的：或衬托心境，或渲染气氛，或点缀声色，都与"比兴"异曲同工。所以，欧文比之韩文，更具"比兴"特色。明人宋仪生指出："韩退之文雄一代，而风人之旨缺焉。"① 对韩文实虽有误会，却不无道理。

梁启超在《中国地理大势论》中指出："长城饮马，河梁携手，北人之气概。""江南草长，洞庭始波，南人之情怀。""散文之长江大河，一泻千里者，北人为优；骈文之镂云刻月，善移我情者，南人为优。"显然，韩愈的"不平则鸣"表现出来的注重气概与"赋格"的倾向，欧阳修的"穷而后工"表现出来的注重情感和"比兴"的倾向，正是南北差异。

在《世说新语》中，记载着一个有关南北审美风尚的故事：

> 宣武（桓温）移镇南州，制街衢平直。人谓王东亭（王珣）曰："丞相（王导）初营建康，无所因承，而制置纡曲，方此为劣。"东亭曰："此丞相乃所以为巧。江左地促，不如中国。若使阡陌条畅，则一览而尽；故纡余委曲，若不可测。"

故事讲南北城镇的建筑风格，中原是"道路平直"，"畅通无阻"，江左是"纡余委曲"，"若不可测"。这里，既有地形限制的客观因素，更有主观审美心理的追求。不管怎样，韩文的壮直奔放和欧文的纡余曲折，正与南北审美风尚一致。南北不同的自然人文景观永远在塑造着不同的审美心理。

宋代陈骙《文则》指出："文有数句用一类字，所以壮文势，广

---

① 《重刻宛陵梅圣俞诗句序》，见《宛陵先生集》卷首。

文义也。然皆有法。韩退之为古文伯，于此法加意焉。如《贺册尊号表》用'之谓'字，盖取《易·系辞》；《画记》用'者'字，盖取《考工记》；《南山诗》用'或'字，盖取《诗·北山》。"用"类字"接近我们今天所说的排比。多用排比，正是韩文语言的显著特征，甚至在某种程度上可以说，抽去了排比，就不成其为韩文。韩愈那些著名的篇章如《原道》、《论佛骨表》、《进学解》、《送高闲上人序》等，就是在大量运用排比句式的基础上，造成一种排山倒海、滚滚滔滔的壮阔声势。如《原道》中阐述"圣人之教"的一段文字：

> 古之时，人之害多矣。有圣人者立，然后教之以相生相养之道。为之君，为之师，驱其虫蛇禽兽而处之中土。寒然后为之衣，饥然后为之食。木处而颠，土处而病也，然后为之宫室。为之工以赡其器用，为之贾以通其有无，为之医药以济其夭死，为之葬埋、祭祀以长其恩爱，为之礼以次其先后，为之乐以宣其湮郁，为之政以率其怠倦，为之刑以锄其强梗。相欺也，以为之符玺、斗斛、权衡以信之。相夺也，为之城郭、甲兵守之。害至而为之备，患生而为之防……

这一段文字，连用 17 个"为之"贯穿而下，且句式多变，起伏顿挫，如层峰叠岚，如惊波巨浪。又如《送高闲上人序》：

> 往时张旭善草书，不治他技，喜怒窘穷，忧悲愉佚，怨恨思慕，酣醉无聊，不平有动于心，必于草书焉发之；观于物，见山水崖谷，鸟兽虫鱼，草木之花实，日月列星，风雨水火，雷霆霹雳，歌舞战斗，天地事物之变，可喜可愕，一寓于书……

这一段文字，用 12 个四言句式构成排比，寓变化于整饬，间见层出，腾挪无迹，又一气贯注，势不可遏。两段文字都表现为一种宏放壮阔的景象。

与之相反，欧文则几乎完全取消了排比，纯以奇句单行的散体行文，从容闲易，随物赋形，往复百折。读欧文可以发现，不论叙事、说理、言情，大多表现为这样一种基本格式：正—反—合。如《仲氏文集序》中的一段文字：

> 呜呼！《语》称君子知命。所谓命，其果可知乎？贵贱穷亨，用舍进退，得失成败，其有幸有不幸，或当然而不然，而皆不知其所以然者，则推之于天，曰：有命！夫君子所谓知命者，知此而已。

先提出"君子知命"的主意，继而表示疑问，接着进行分析，最后又加以肯定。同时，欧文的散体又在大量运用虚词和转折、疑问、感叹句式的基础上，形成一种宛转起伏的旋律，富于弦外之音。元代王构《修词鉴衡》指出："欧公《五代史》，其间议论多感叹，又多设疑；盖感叹则动人，设疑则意广。"如《五代史冯道传论》：

> 予于五代，得全节之士三，死士之臣十有五；而怪士之被服儒者，以学古自名，而享人之禄、任人之国者多矣。然使忠义之节，独出于武夫战卒，岂于儒者果无其人哉？岂非高节之士，恶时之乱，薄其世而不肯出软？抑君天下者不足顾，而莫能致之软？孔子以谓："十室之邑，必有忠信。"岂虚言也哉！

这一段文字，几乎句句用虚词，两转、三问、一叹，将乱世难见志士仁人的意思表达得动人哀感，又韵味无穷。方东树说：欧公"下笔不犹人，读者往往迷惑。又每加以事外远致，益令人迷"，"一时窥之，总不见其底蕴；由于意、法、情俱曲折"[1]。

---

[1] 方东树：《昭昧詹言》，台北，广文书局 1962 年版。

　　虽然韩文也有屈曲之作，如《获麟解》、《送董邵南序》等，但却是直中之曲，在转折无穷的行文中始终贯注着雄直之气。

　　明人廖道南指出："如平原旷野，大将指麾，天衡地冲，自有纪律，其韩文之变乎？"① 茅坤指出："因欧曾以为眼界，是犹入金陵而览吴会，得其江山逶迤之丽。"② 前者说，韩文犹如在平原旷野上用兵，阵势壮阔，纪律严明；后者说，读欧文，宛如游览金陵吴会，欣赏到南国的迷人风光。总之，韩文是一种平原旷野景象，开阔壮直，令人极目千里；欧文是一种金陵吴会景象，"迷楼九曲，珠帘十里"，引人入胜。

　　议论文是通过抽象思维反映客观事物，思维方式如何在一定程度上影响到文风特征。在韩欧各自对"道"的理解中，正集中体现出两种不同的思维定势。前人评价韩欧道统是"韩杂欧纯"。韩愈虽自称其道为孔孟之道，然实则近似秦汉以来合儒墨、兼名法的杂霸之道。他推尊孔孟，又说孔墨互补，"不相用，不足为孔墨"；定孟子为正宗，又称被排斥在正宗之外的荀子为"大醇而小疵"；标举儒家仁义道德，又赞扬商鞅法制政令；抨击异端佛老，又说道家鹖冠子的著作能"施于国家"，等等。在这些兼容并包的认识中，不难见出是一种"外观博取"的思维定势在起支配作用。他把一些本不属于"道"的东西拉入"道"中，却又不能融会贯通，而处于矛盾状态。相反，欧阳修则是深入于"道"中，反复掂量，仔细琢磨，甚至吹毛求疵，专挑弊病。这集中表现在他抱着"信经不信传"的信条，怀疑春秋三传，否定毛郑诗说。《四库全书总目提要》指出："自唐以来，说诗者莫敢议毛郑，虽老师宿儒，亦谨守小序，至宋而新义日增，旧说几废，推原所始，实发于修（欧阳修）。"欧阳修甚至连五经也颇多微词，认为《系辞》非孔子之作，《周礼》非周公之作，等等。在这些反复深究的认识中，不难见出是一种"内省求精"的思维定势在起支

---

　　① 《读柳集叙说》，见《唐柳河东集》卷首。
　　② 《复唐荆川司谏书》，见《茅鹿门先生文集》卷一。

配作用。他把一些本属于"道"的东西排除在"道"之外，不断提出新说，清除杂质，使之纯而又纯。

作一个并不恰当的譬喻，韩愈的思维定势更多是强调形式逻辑上的同一律"A 是 A"。欧阳修的思维定势更多是强调形式逻辑上的矛盾律"A 不是非 A"，前者硬把某些"非 A"当作"A"，后者硬把某些"A"当作"非 A"。

两种思维定势正是南北差异。《世说新语·文学篇》指出："北人看书如显处视月，南人学问如牖中窥日。"疏云："学广则难周，难周则识暗，故如显处视月；学寡则易核，易核则智明，故如牖中窥日。"这里虽然讲的是治学方法，但治学方法作为对研究对象的一种心理反应过程，其实也就是思维过程。韩欧对"道"的理解正与南北治学方法一致。

应该指出，思维定势同情感机制存在某种联系。"轻微的怕惧，使人小心翼翼，遇事谨慎，能深入细致。"① 欧阳修的"内省求精"，在一定程度上是以南人的荏弱个性为基础的。

两种思维定势造成韩欧论文的不同特色。韩愈的议论文往往充满矛盾。如《送孟东野序》将咎陶、夏禹、伊尹、周公等统治者划在"不平则鸣"的范围，将"鸣国家之盛"等同于"鸣个人不幸"；《送高闲上人序》将"圣人治天下"当成治艺，都是牛头不对马嘴。至于《原道》开宗明义第一句"博爱之谓仁"，就不像是儒家思想，倒更接近墨家的"兼爱"说教，等等。不过，由于韩文充满旺盛的气势，以气夺人，以及大量错综变幻句式的运用，令人应接不暇，因而往往难以察觉其漏洞。反之，欧阳修的议论文则以精到的分析见长。《五代史宦者传论》将笔锋插到君主与宦官的相互依赖关系中，纵横捭阖，从客观情势和主观心理两方面，深细剖析，从而在一个高度概括的范畴上，揭示出封建社会宦官为害的全过程。至于在他一举成名的《纵囚论》中，更从君子和"小人"的内涵与区别发难，层层推演，层层

---

① 陈孝禅：《普通心理学》，湖南人民出版社 1983 年版。

辩驳，情到理到，进而一笔扫倒了唐太宗"纵囚"的历史佳话。前人认为，韩愈的议论文"议论正，规模阔大"，"有些本领"，"只是不曾向里面省察，不曾就身上细密做功夫，只从粗处去"①；欧则"如水银泻地，而百孔千窍，无所不入"②。

综合前面韩欧文风差异及其上述文风成因方面的差异，我们试构建两人风格结构。丹纳说："一切风格都表示一种心境。"③ 从这个定义出发，我们把心境（mood），一种稳态情感及其指向性，作为底部层面，把表达方式、思维方式和语言形式作为第二层面，把具有代表性的几种风格特征作为第三层面，把可以意会的作者个性神态作为顶部层面，那么，韩欧南北有别的文风结构大致表示如下图（见图表12：韩欧文风结构示意图）。

图表12　韩欧文风结构示意图

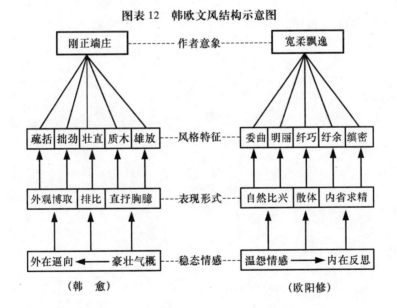

① 朱熹：《朱子语类》。
② 沈德潜：《唐宋八家文读本》。
③ 《艺术哲学》。

从先秦以来，在传统学术文化领域，便存在着一系列突出的南北现象：哲学上的孔孟和老庄；经学上的章句和义理；文学上的《诗经》和《楚辞》，河朔和江左，"乐府"北朝与南朝；禅宗与绘画上的南宗和北宗，书法上的北碑和南帖；语音上的燕赵"重浊"和吴楚"清浅"；音乐亦然，"梁陈旧乐，杂用吴楚之音；周隋旧乐，多涉胡戎之技"① ……从韩欧文风结构，我们不难体会各自与上述南北文化序列的"异质同构"关系。

① 杜佑：《通典》。

十一　唐宋:中国南北错位

江山代有才人出，各领风骚数百年。

——赵翼:《论诗》

一位研究中国文化史的学者指出：唐宋之际，是中国中世纪，乃至整个中国历史上变化最大的时期。在此之前，中国文化多古朴之风，在此之后，中国文化呈平易之貌——其间有一个明显的落差。①

韩欧文风的南北互异现象不是偶然的，它正是唐宋之际中国南北文化错位的一个必然结果。

中国南北人文生态的对比，自先秦以来，一直是北盛于南。其间，虽然有因永嘉之乱导致中原人口南迁和传统的学术文化中心南移，而南方一时诗书大盛，冠带相望的显赫的历史轨迹，但北方人文生态并未衰减。经北魏王朝统一中原并实行前所未有的"均田制"等一系列改革之后，黄河流域再度振兴，经济发达，文化繁荣，甚至表现出超过江南的气象。被称为北魏拓跋别史的《洛阳伽蓝记》曾记载当时京城洛阳的盛况云："自葱岭以西，至于大秦，百国千城，莫不观附。商胡贩客，日奔塞下……乐中国土风因而宅者，不可胜数。"吴若准在为该书所写的《序》中也声称，北魏时，中原文明"用夏变

---

① 参看柳诒徵《中国文化史》，上海古籍出版社 2001 年版。

夷，洎乎轶苻秦而跨江左"。北方文化不仅比起五胡十六国来是一大进步，比起南方来也毫不逊色。无怪乎当时出使北方的南朝将领陈庆之也惊叹道："始知衣冠士族，并在中原。礼仪富盛，人物殷阜。目所不识，口不能传……"[①] 当时在文化水平上，北方占传统的优势。而唐代则是中国北方人文达于极盛的时代。梁启超在《中国地理大势论》中指出："夏禹成第一次统一之业，文武周公成第二次统一之业，秦政成第三次统一之业，而皆起自黄河上游。积千余年之精英，而黄河上游，遂成全国之北辰。仁人君子之所经营，枭雄傑黠之所攘夺，莫不在于此土。取精多，用物宏，故至唐而尤极盛焉。"

盛极而衰，是事物发展的普遍规律。历史发展到唐宋，几乎来了一个一百八十度的大转弯，中国南北人文生态的对比开始出现对峙与换位的局面。即是说，唐以前，北盛于南；宋以后，南盛于北。这一巨大的历史落差可从以下几个方面看出来。

从农业水利看。北方由于长期受战火洗劫，到安史之乱后，中原地区已明显衰落。《旧唐书·刘晏传》中描述当时中原的情景是："函陕凋残，东周（洛阳一带）尤甚。过宜阳、熊耳，至武牢、成皋（以上地区均在河南），五百里中，编户（编入户籍的居民）千余而已。居无尺椽，人无烟爨，萧条凄惨，兽游鬼哭……"一幅民不聊生的荒凉景象。相反，南方自东晋以来，由于一直保持社会稳定，经济获得长足发展。《宋书》卷五十四描述江南的情景是："地广野丰，民勤本业，一岁或稔，则数郡忘饥。""鱼盐杞梓之利，充仞八方；丝绵布帛之饶，覆衣天下。"一幅家给人足的富庶景象。因而在唐初，北方虽称繁华，政治、军事和文化活动也多集中在北方，但在经济上却仰仗南方。《新唐书·食货志》说："唐都长安，而关中号称沃野。然其土地狭，所出不足以给京师，备水旱，故常转漕东南之粟。"东南的粮食要输送到西北。安史之乱以后，南方更成为全

---

① 《洛阳伽蓝记》。

国的经济命脉。《全唐文》卷六三〇说："天宝以后，中原释末，辇越而衣，漕吴而食。"粮食布帛全靠东南接济，韩愈《送陆歙州诗序》中有"赋出天下而江南居十九"的说法。难怪元和时期的朝廷重臣权德舆感慨地说："天下大计，仰于东南。"国家的重大决策都要取决于南方的经济状况而定。而后来的唐宪宗则正是凭借江南的经济力量才战胜了藩镇割据。

北方经济的衰落同水利设施遭受严重破坏有关。由于长期的战乱，加上黄河为害，北方水利条件每况愈下。以关中著名水利工程郑白二渠为例，《通典》卷一七四记载："秦汉时，郑渠溉田四万余顷，白渠溉田四千五百余顷。唐永贞中，所溉唯万许顷。泊大历初，又减至六千二百余顷。"北宋初年，更减少到不足二千顷，几等于完全荒废。班固在《西都赋》中所描绘的那种"下有郑白之沃，衣食之源"，"五谷垂颖，桑麻铺棻"的关中富庶繁华的景象，至宋代已成为遥远的历史。相反，南方众多的江河湖泊和充沛的雨量，却为农业生产提供了丰富的水利资源，加上气候温暖和耕作方式的改进，至宋代南方农作物已是一年两熟。《吴郡图经续记》中记载说："吴中地沃而物夥，稼则刈麦割禾，一岁再熟，稻有早晚。"

从人口分布看。随着经济的发展，南方人口迅速增长。据统计，到北宋末年，南方人口比东晋时增长了 15 倍。相反，北方由于连年兵燹和经济衰落，人口锐减。这在安史之乱后表现尤为明显。据《元和郡县志》记载：长安所在地京兆府，开元时（713—714 年）有户 36 万，元和时（806—820 年）仅 24 万；洛阳所在地河南府，开元时有户 12 万，元和时仅 1.8 万。加上北方人口大量南移，唐宋之际，便形成我国历史上南北人口分布完全倒转的局面。北宋神宗时，全国有户数 1650 万，其中北方 500 万，南方 1100 万，南方大大超过北方。下面的这个图表揭示出这个历史性的转变（见图表 13：汉代至明代南北人口分布比例表）。

图表 13　　　　　　　　**汉代至明代南北人口分布比例表**[1]

地区　　朝代	北	南
汉	8.7	1
隋	7.7	2.3
唐	5.7	4.3
宋	3.5	6.5
明	3.4	6.6

从行政区划分和城市分布看。一般说来，经济发达，人口稠密，行政区就划分较细。综观我国古代行政区的划分，唐以后，南方越划越细，而北方只见归并不见划分。据《太平寰宇记》统计，自唐中叶至北宋初年，全国新增设州县 113 个，其中南方就占 86%。宋神宗时，全国分为 23 路（省），其中北方 8 路，南方 15 路。同样，城市的分布也是南增北减。据《新唐书·地理志》记载，天宝年间，大城市多集中在陕西（京畿道、都畿道）、河北、河南、山东、山西等地；户数在 10 万以上的州府，北方有 10 个，南方有 4 个（常州、润州、宣州、婺州）。北宋时，据《元丰九域志》统计，户数 10 万以上的州府，北方 14 个，南方 35 个。若以户数 20 万以上的州府计，也是南多北少，北方 2 个（京兆、汴京），南方 5 个（杭州、隆兴、潭州、福州、泉州）。

从军事割据（包括农民起义）看，南北也出现抗衡和换位的局面。从汉代末年至唐代中叶，军事割据势力均为北众南寡，北强南弱。汉末七支割据力量，其分布是北四南三，北有襄阳（河南）刘表、徐州（江苏）吕布、左国城（山西）刘渊、辽东（辽宁）孙度；南有寿春（安徽）孙策、益州（四川）刘备、成都李雄。因此《全晋

---

① 根据陈芳惠《历史地理学》和陈正祥《中国文化地理》（香港三联书店 1983 年版）合计编制。

文》卷五十四有云："吴楚之民，脆弱寡能；英才大贤，不出其土；比技量力，不足与中国相抗。"至于东晋与宋齐梁陈，更遭受北方强大的军事压力而最终为其所吞并。就是唐代中叶，藩镇割据也多集中在北方。但时至唐末宋初，形势急转直下，全国出现 11 支割据力量：曹濮（山东安徽间）黄巢，淮南（安徽）杨行密，蜀王建，楚马殷，闽王审知，吴越钱镠，南汉（广东）刘隐，南唐（江南）李升，蜀孟知祥，荆南（湖南）高季兴，西夏（甘肃）李元昊；即使把黄巢起义算在北方，南北对比也是九之于二。

　　从人才结构看。随着南方经济的发达和人口的增长，到北宋时，南方人才已占相当比重，并足以同北方抗衡。一个突出的表现是在进士和宰相的数量结构上。唐代进士多出自中原。韩愈《欧阳生哀辞》中有云："闽越之人举进士，由詹始。"说明南人中进士在当时难能可贵。而在宋代，南人中进士的情况十分普遍，并已超过北方。欧阳修在《论逐路取人札子》中说："但见每次科场，东南进士得多，而西北进士得少。""今东南州军进士取解者，二三千人处，只解二三十人，是百人取一人，盖已痛裁之矣。西北州军取解，至多处不过百人，而所解至十余人，是十人取一人，比之东南，十倍假借之矣。"毫无疑问，若不是"痛裁抑之"，压缩南方进士的录取名额，南方进士人数肯定还会大大超过北方。下面这个调查表可以看出自唐宋以来南北进士此消彼长的情况（见图表 14：唐代至清代进士地理分布变迁表）：

图表 14　　　　　　　唐代至清代进士地理分布变迁表①

地区＼朝代	唐	宋	明	清
武功（代表关中地区）	14	7	2	0
钱塘（代表太湖地区）	0	82	155	270

---

①　引自陈正祥《中国文化地理》。

在封建社会，宰相是知识分子企求的最高职位。随着南方知识分子地位的提高，开始有南人逐渐登上宰相宝座。北宋初年，朝廷的将相重臣还几乎尽为北人，至真宗和仁宗时，才开始打破南人不为相的惯例，启用临江（江苏）王钦若和苏州丁谓担任宰相，以后南人为相的情况逐渐增多。宋神宗时的七位宰相，有六位是南人。至北宋后期，掌握中央政权的人物中，南人已居大多数。比之唐代，这是一个重大的转变。据《新唐书·宰相世系表》统计，唐朝宰相 369 人，十分之九出自北方；而宋朝宰相 134 人，其中 24 人来自浙江。

宋人曾评述过唐宋人才的南北换位现象。张舜民惊呼北方人文的衰落说："河东人物，自古冠天下，莫尊于舜，莫高于伯夷、叔齐、介之推，莫智于百里奚，莫辩于司马迁，莫贤于王通，莫富于猗顿；莫盛于唐，莫衰于今日！"[①] 河东，晋陕间黄河地区，自古以来人才辈出，产生过帝王、将相、谋臣、节士、富商、学者、作家，到宋代却陡然冷落下来。作为北方"奥区"的河东如此，其他地区可想而知。陆游评说南方人才的崛起说：宋仁宗皇帝"公听并视，兼收博采，无南北之异。于是范仲淹起于吴，欧阳修起于楚，蔡襄起于闽，杜衍起于会稽，余靖起于岭南，皆一时名臣"[②]。洪迈在描述南方人才的崛起时，还以饶州（今江西上饶地区）为例，说明其经济、文化方面的原因："宋受天命，然后七闽二浙与江之西东（唐分浙江为东西二道），冠带诗书，翕然大肆，人才之盛，遂甲于天下。江南既为天下甲，而饶人喜事，又甲于江南。盖饶之为州，壤土肥而养生之物多，其民家富而户羡，蓄百金者不在富人之列。又当宽平无事之际，而天性好善，为父兄者以其子与弟不文为咎，为母妻者以其子与夫不学为辱。"[③] 南方人才的崛起，显然跟南方社会的稳定、经济的繁荣和文化的发达是分不开的。

---

① 《四贤堂碑阴记》。
② 《论选用西北士大夫札子》。
③ 《容斋随笔》卷四。

在唐宋这个南北大换位时期，自始至终存在着一个迄今为人们所忽视的南北竞争问题。在唐代，它主要表现为南北文风的斗争；在宋代，则主要表现为北方集团对南方人才的压制。历史学家范文澜指出，有唐一代，文学上初盛中晚四个阶段的演变，实际上就是南北文风斗争的反映。唐初，六朝文风笼罩诗坛，宫廷诗盛行，风气颓靡，虽有"唐初四杰"吹进的新鲜空气，但毕竟寡不敌众，何况"四杰"本人也未脱尽六朝绮艳的气息，南方文风占统治地位。盛唐和中唐，陈子昂首先高扬诗歌革新的旗帜，反对六朝作风，标举"兴寄"和"风骨"，端正了唐诗发展的方向；李白、杜甫继之而后，以他们博大精深的诗歌创作，辅之以山水田园和边塞诗派的协奏，共同形成盛唐万紫千红、百花齐放的壮观局面。散文方面，韩愈和柳宗元掀起声势宏大的古文运动，反对骈文，提倡古文，并身体力行，以他们光辉的创作业绩，感召了一代文人，使中唐散文显示出刚健质朴的风貌，大大动摇了六朝骈文在唐代的统治地位。盛中唐是北方文风占压倒优势。晚唐，以李商隐和杜牧为代表的诗歌流露感伤情调，以温庭筠和李煜为代表的词充满脂粉气息，内容委琐，色泽浓丽，又与六朝绮艳作风相去不远；而韩柳死后，尸骨未寒，骈文便死灰复燃，连一向推崇韩愈的杜牧也作起骈文来了；南方文风又占统治地位。在这场你来我往的拉锯战中，虽然总的来说北方文风占压倒优势，而且唐代文学的精华也是以儒家思想为骨干的那一部分文学，但南方文风始终是一股强大的不可抗拒的力量，正是二者的冲突和交融才形成唐代文学的蔚为壮观的局面。在这个意义上也可以说，唐代文学是南北文化合流的产物。①

在宋代，南方人才的兴起曾遭受过巨大的阻力。南人在科举考试中的领先地位，令北人集团大为不满。经其力争，到宋哲宗时，不得不实行南北分卷制，特许齐鲁河朔等北方省区单独命题考试，降低水

---

① 参看《中国通史简编》第二册"唐五代的文化概况"一章。

平录取，以便南北取士达到平衡。朝廷重臣寇准还极力压制南方人才。抚州（江西）人晏殊中举，临江人肖贯中状元，他提出说："南方下国，不宜冠多士。"肖贯被免去状元后，他竟兴高采烈地说："又幸为中原夺得一状元！"北派领袖司马光的反对王安石变法，固然是出于政治原因，但也包含有排斥南人的因素，因为他在给宋神宗的奏折中分明写道："闽人狭险，楚人轻易。今二相皆闽人，二参政皆楚人，必将援引乡党之士，充塞朝廷，风俗何以更得淳厚？"认为如果让南人执掌政权就会有败坏社会风气的可能。

　　然而，"江山代有才人出，各领风骚数百年"。南方人才的崛起毕竟是不可逆转的历史趋势。宋代陈传良在《温州淹补学田记》中充分肯定了范仲淹、欧阳修、周敦颐三人在北宋政治文化上的杰出贡献后，意味深长地指出："余掌求其故，三君子皆萃于东南，若相次第然，殆有天意云云。"从整个北宋看，虽然政治文化中心依然坐落在北方，尤其是"汴京—洛阳"连线上，但人才渊薮却是南方。宋代的学术文化领域，南人群落已经赶上并超过北人群落，在各个方面起到越来越重要的作用。理学方面，始作俑者是南人周敦颐（湖南道县），集大成者虽为北人程颐和程颢，但他们的学生却大多数是南人。程颢送其大弟子扬时南归时，曾不无感慨地说："吾道南矣！"说是自己的学说已经转移到南方去了。至于在诗、词、文、书、画等文学艺术方面，南人更是占绝大优势，重要作家和代表作家几乎尽为南人。别的方面不说，创立先秦之后中国散文史上又一高峰的唐宋八大家，宋人居六：欧阳修、苏洵、苏辙、苏轼、王安石、曾巩，无一不是南人。最具讽刺意味的是，尽管司马光对南人嗤之以鼻，可协助他编纂《资治通鉴》的主要助手刘恕（筠州）、刘攽（临江）和范祖禹（华阳）等，恰恰都是南人。

　　上述大量事实表明，唐宋两代，虽然在时间上前后相接，但在人文生态的空间上，却南北有别。明代章潢在《论东南古今盛衰》一文中曾感慨地追溯这一文明演变的历史进程："嗟乎！城邑而居，仓廪而储，陶瓦以覆，服牛以耕，父子夫妇以为家，乡党庠序以为教，斯中原之民，自古能之；而东南之民，自三代以前，漫然未有闻知，则与禽兽何异哉！逮夫春秋战国，得善人君子以为邦，浸革蛮风而归诸华；而又汉魏以还，天下有变，常首难于西北，衣冠转而南渡，故西北耗而东南益盛；施于隋唐宋朝，风教滋美，端与中原无异，而民物丰夥，又过之。故知今之东南，非昔之东南，昔之东南不能当一路，而今之东南乃过于昔之中原，又岂可一概论哉！”历史发展到唐宋，确乎发生过一次断裂：北方衰落，南方兴起；尽管中华民族从外表看来依然故我，一仍其旧……

宋代南方人文的兴盛，最具特殊意义的是南方人口的增长和南方人才的崛起。人口和人才在人类社会化活动中占有重要地位。马林诺夫斯基的《文化论》指出：“人是文化价值的携带者，活的文化价值必然是以个人为中心的。”随着携带文化价值的人口和人才的迁移变动，人们活动于其中的文化的风格与特质也必将发生变化。这种情况在人类文化史上不乏其例，如前面论述文化心理结构时所举的那些例子就是最好的证明。[1] 因此，宋代南方人口的激增并超过北方，南方人才队伍的壮大并在政治、军事、哲学、文学艺术等部门中占据越来越大的比重，是一个不容忽视的因素，因为这必然会把南人特有的文化心理结构投射于整个宋代文化领域，反过来，以南人为主体的社会文化需要又促成其进一步扩散，从而引起整个宋代文化风格的南渐，从而与以北人为主体的唐代文化形成鲜明的反差。

一个有趣的事实是，历史上我们常常唐宋并提。然而，当我们提及其他朝代如秦汉、汉唐、魏晋、元明、宋明、明清的时候，有意无意中强调的是其相近的一面，如秦汉文章、魏晋玄学、汉唐气象、宋明理学、元明戏剧、明清小说，它们或在哲学、或在文学、或在社会文化氛围上有明显的承继或类聚关系；而当我们提及唐宋，尤其是唐

---

[1] 参看本书第七章。

宋诗歌时，显然强调的是其风格相异的一面。的确，历史上再也没有哪两个前后相承的朝代在文学风格上表现得如此鲜明、独创、集中，而又如此大相径庭而南辕北辙。

自然，对文化变化反应最敏感的莫过于文学。卡冈在《美学和系统方法》中指出："艺术的运动同文化史所发生的变化的联系最为明显，也最易于理解：艺术在文化内部，并且同文化一起发展，它对文化的所有成分——物质和精神成分，经济和意识形态成分，技术和科学，道德和宗教，人们交往的文化及其实际的文化——的进化作出敏感的反应。"

日本学者高桑驹吉比较过唐宋两代的社会风气及其文学。唐朝气象浑厚，力尊前辈；宋朝气质褊狭，吹毛求疵。如果唐朝属于"情"的时代，宋朝则属于"智"的时代。唐人以诗歌达其情，宋人以议论斗其智。唐诗述"不遇"则啼饥号寒，长歌当哭，不假掩饰；宋人大多显于廊庙，风度翩翩，其文章往往高谈阔论，议论风生。宋人好议论的风气导致文学上诗话的生产，哲学上以阐发义理为主的理学的形成，以及政治上激烈的党争，最终以议论亡其国。

我国文史兼长的缪钺先生在《论宋诗》中谈到过宋诗与唐诗的区别，以及宋代社会风气与宋诗的关系：

> 唐诗以韵胜，故浑雅，而贵蕴藉空灵；宋诗以意胜，故精能，而贵深析透辟。唐诗之美在情辞，故丰腴；宋诗之美在气骨，故瘦劲。唐诗如芍药海棠，秾华繁采；宋诗如寒梅秋菊，幽韵冷香。唐诗如啖荔枝，一颗入口，则甘芳盈颊；宋诗如食橄榄，初觉生涩，而回味隽永……

> 宋代国势之盛远不及唐，外患频仍，仅谋自守，而因重用文人故，国内清晏，鲜悍将骄兵跋扈之祸。是以其时人心，静弱而不雄强，向内收敛而不向外扩张，喜深微而不喜广阔……明乎此，吾人对宋诗种种特点更可得深一层了解。宋诗之情思深微而

不壮阔，其气力收敛而不发扬，其声响不贵洪亮而贵清冷，其词句不贵蓄艳而贵朴淡，其美不在容光而在意态，其味不在肥酽而重隽永。此皆与其时代之心情合拍，出于自然。①

实际上，这里既有"时代心情"的反映，也有南北文化心理结构的历史轨迹，而"时代心情"正是南北文化心理结构延伸的必然结果，时代精神和历史气质恰好在这里交织重合。唐朝气象的雄强、广阔、向外扩张以及多悍将骄兵之患，不亦北方粗犷豪放气质和北人外向直露性格的显现？唐诗述"不遇"则啼饥号寒、长歌当哭，不亦北人慷慨悲歌的激情与气概的显现？宋人的谈论风生、风度翩翩，最终以清谈误国，不亦同魏晋玄学及其矫情作风有一脉相承之联系？宋诗的向内收敛和深析透辟，不亦南人长于思辨的文化心理特征的显现？宋朝的静弱和清晏，不亦南人柔弱怯葸个性的显现？宋人的"吹毛求疵"，不亦与南人治学上"内省求精"的特征相吻合？……

　　总而言之，唐宋文学之间的反差，唐诗与宋诗的区别，唐文与宋文的区别，在相当程度上，就是中国南北文化差异的反映。而韩愈和欧阳修，只不过是其中一个小小的但颇具代表性的具体缩影而已。

---

① 《缪钺全集》，河北教育出版社 2004 年版。

十二　尾声

一个民族永远保留着他乡土的痕迹……

——丹纳:《艺术哲学》

本书至此可告一段落。

我们通过对古代两位著名作家韩愈和欧阳修文风的分析,由表及里,由此及彼,从个别到一般,步步推进地探讨了中国自古至今,尤其是古代传统文化的南北差异。虽然我们全力以赴,使出浑身解数,从文化学、人类学、社会学、心理学、人种学、经济学、气候学、地理学等几乎一切可以想到的学科知识的综合运用来探讨这一问题,但毕竟由于学疏识浅,资料短乏,思考不周,加上论述中的东拼西凑和捉襟见肘,我们并不能对此作出令人信服的解释,留给读者的也许只是一个支离破碎、不了了之的印象。中国的南北文化,仍然是一个谜;但它也许永远是一个谜,"遇之匪深,即之愈稀",只可远观,不可近视,正如我们开头谈到"文化"概念时所云:它仿佛空气,除了不在我们手中以外,它无所不在……

尽管如此,笔者仍要一意孤行地宣称,中国的南北差异,过去是、现在是,甚至将来也是一种客观存在;除非中华民族从地球上突然消失。普列汉诺夫指出:"每一民族的气质中,都保存着某些为自然环境的影响所引起的特点,这些特点可以由于适应社会环境而有几分改变，但是决不因此完全消失。"① 如果把政治的、经济的、风俗的和文化的因素考虑在内，那么由长江流域和黄河流域不同的自然环境所决定，中国的南北差异就绝不会完全消失，即使随着历史的进程在逐步缩小，却又在延伸；在彼此接近，却永不会等同，更不会销声匿迹。我们在开头提到"京派"文化和"海派"文化的区别，虽然中国文明的进程已不知跨越了多少个世纪，但它们仍旧是中国历史上南北差异的延伸和继续。"京派"文化的踏实、谨严和一定的保守性，艺术上讲究师承关系，治学上讲究渊综广博，严守传统规范，注重现实，追求进步，议论时政，忧患意识，忧国忧民忧天下，与历史上北方居民的积极入世，关注政治，"遑遑于仁义"，强烈的民族自尊心与排外心理，自强不息，宗法观念，重实行胜于重思辨，"北学深芜，穷其枝叶"，等等，难道不是有明显的相通之处？"海派"文化的创新、开放、多样、善变，不大讲究师承和流派，思想活跃，善于吸收新鲜事物，治学讲究精通简要，深入浅出，刻意求新而又时而流于轻佻浮华，等等，虽有"欧美风雨"侵蚀的痕迹，但它们与历史上南方居民的长于想象思辨，追求心灵自由，力图摆脱尘世羁绊，在现实中不思进取，在思辨中积极创新，追求形式声色，等等，难道不是又有明显的相通之处？历史在深层的心灵结构这里似乎一筹莫展，停滞不前，尽管当今中国的物质文明和精神文明已经面目全非，尽管当代中国人的文化心理已经今非昔比。

另一需要强调的问题是，中国文明是由黄河文明、长江文明和珠江文明共同发展而来，而不只是黄河一个中心，其他文明只是黄河文明的辐射与扩散。换句话说，南北文化的交流是双向的，而不是单向的。早在新石器时代，长江流域的屈家岭文化已推进到黄河中游，而黄河流域著名的仰韶文化则明显带有长江流域文化影响的痕迹。② 至

---

① 《普列汉诺夫哲学著作选集》第二卷，三联书店 1961 年版。
② 参看《新中国的考古发现和研究》第二章。

于魏晋南北朝，南方文化更一度被视为华夏正统，令中原"异族"顶礼膜拜，争相仿效。然而，由于历史的原因，至今在人们心目中黄河文明仍是唯一的源头和中心，黄河文明几乎成了中华文明的代名词。今天"京派"文化和"海派"文化的讨论，视中原文化为内核文化，东南沿海一带文化为边缘文化，这固然有一定道理，却再明显不过地带有历史上"用夏变夷"传统观念的痕迹。其实，就今天而言，北京固然是全国的政治文化中心，几乎聚集着全国最优秀的人才，文化信息传播全国，全国唯北京马首是瞻，但由于历史文化的积淀，它又显然表现出明显的区域性特色，属于北方文化的一个组成部分，而不可能全国都跟北京一样像从一个模子里倒出来似的，千篇一律。

与此相关的另一点是，正如书中所示，自宋代以来，中国文化日渐呈现出由北向南转移的趋势。朱谦之在《文化哲学》一书中提出这样一个观点：根据中国历代政治、军事和文化等方面人物的地理分布，中国文化的变迁大致表现为从西北向东南倾斜，成半月形（见图表15：中国历代人物的地理分布）。

图表15 中国历代人物的地理分布(示意)

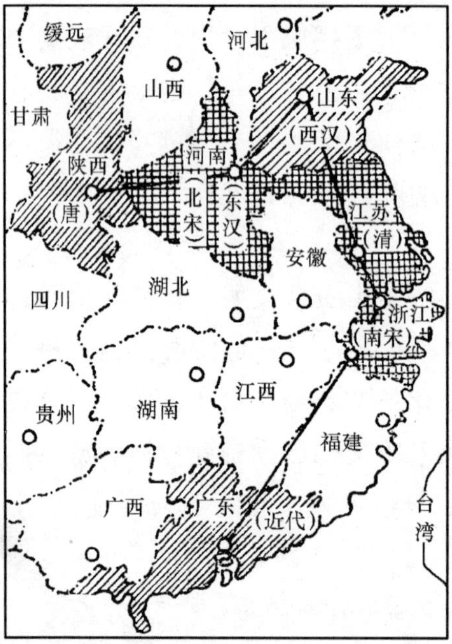

虽然这个图表有极大的局限性，因为人类社会历史的发展不是一两组统计数据就能说清楚的，何况作者的"选才"标准也与我们不尽相同。但是，他所指出的中国文化这一历史走向却是无可否认的事实。这一历史变迁大致可以表述为：宋以前，是黄河流域的文化；清以前，是长江流域的文化；近代则是珠江流域的文化。黄河流域以军事人物为最多，长江流域以文化人物为最多，珠江流域以企业人物为最多。唐五代时，岭南还是所谓"蛮夷之区"，明以后随着海陆交通的发达，沿海地区尤其是广东，逐渐发展成为中西贸易的策源地，在经济史上占有重要地位。同时，由于受西方文化影响较早，近代史上的一些革命运动如康有为的维新变法，孙中山的革命活动，辛亥革命，北伐战争，等等，都表现出以南方为根据地的倾向。甚至有人断言，未来中国的文化中心将坐落在南方而不是北方。不管怎样，从唐宋以来的南北错位现象，依然在继续、延伸、发展，可惜的是，我们对历史上的南北文化问题尚且不了了之，对未来就更无能为力了。好在历史始终在延续。

　　飓言赞时，请寄明哲！

附 录

南北学派不同论[*]

刘师培^{**}

总　　论

中国群山，发源葱岭，蜿蜒而东趋。黄河以北为北干，江河之间为中干，大江以南为南干。盖两山之间必有川，则两川之间亦必有山。

中国古代，舟车之利甫兴，而交通未广；故人民轻去其乡，狉狉榛榛①，或老死不相往来。《礼记·王制篇》有云："广谷大川，民生其间者异俗。"盖五方地气，有寒暑燥湿之不齐，故民群之习尚，悉随其风土为转移。"俗"字从"人"，由于在下者之嗜欲也；"风"字训"教"，由于在上者之教化也。

汉族初兴，肇基西土。沿黄河以达北方；故古帝宅居，悉在黄河南北。厥后战胜苗族，启辟南方。秦汉以还，闽越之疆始为汉土。故

---

　　* 刘师培的《南北学派不同论》，包括"总论"在内，总共有六部分；全文引述人物、学派、学说、观点较多，有些人物比较生疏，有些词语比较生僻。为了便于理解，笔者尽量对一些人们不太熟习的人物和词语加以注释。注释主要依据《辞海》、《辞源》等书整理。实在查不到的，只好存而不论。君子于其所不知，盖阙如也。

　　** 刘师培（1884—1919），字申叔。著名国学大师。江苏仪征人，家传文字训诂学。主张以字音推求字义，用古语明今言，用今言通古语。擅长骈文。曾任北京大学教授。有《刘申叔先生遗书》七十四种。

　　① 狉狉榛榛：形容蒙昧未开化的状态。

三代之时，学术兴于北方，而大江以南无学。魏晋以后，南方之地学术日昌，致北方学者反瞠乎其后，其故何哉？

　　盖并①、青②、雍③、豫，古称中原，文物声名，洋溢蛮貊。而江淮以南，则为苗蛮之窟宅。及五胡构乱，元魏凭陵，虏马南来，胡气暗天；河北关中，沦为左衽。积时既久，民习于夷。而中原甲姓④，避乱南迁，冠带之民，萃居江表⑤，流风所被，文化日滋。其故一也。又古代之时，北方之地，水利普兴，殷富之区，多沿河水；故交通日启，文学易输。后世以降，北方水道，淤为民田，而荆⑥、吴、楚、蜀之间，得长江之灌输，人文蔚起，迄于南海不衰。其故二也。

　　故就近代之学术观之，则北逊于南；而就古代之学术观之，则南逊于北。盖北方之地，乃学术发源之区也。

　　试即南北学派之不同者考之。

南北诸子学不同论

　　东周以降，学术日昌。然南北学者，立术各殊，以江河为界划；而学术所被，复以山国、泽国为区分。

　　山国之地，土地浇瘠，阻于交通，故民生其间者，崇尚实际，修身力行，有坚忍不拔之风。泽国之地，土壤膏腴，便于交通，故民生其间者，崇尚虚无，活泼进取，有遗世特立之风。故学术互异，悉由

---

　　① 并：并州，古九州之一。辖境在今山西一带。
　　② 青：青州，古九州之一。《周礼·职官》中说："正东曰青州。"辖境在今山东境内。
　　③ 雍：雍州，古九州之一。辖境相当今陕西中部、甘肃东南部、宁夏南部及青海黄河以南一部。
　　④ 甲姓：世家大族。
　　⑤ 江表：古代地区名，指长江以南地区。因为从中原来看，处在长江之外，所以称为"江表"。
　　⑥ 荆：荆州，古九州之一。《尚书·禹贡》中说："荆及衡阳惟荆州。"辖境包括今湖北、湖南两省及河南、贵州、广东、广西一部。

民习之不同。如齐国背山临海，与大秦①同，故管子②、田骈③之学，以法家之实际，而参以道家之虚无。若邹衍④之谈瀛海，则又活泼进取之证也。西秦三晋之地，山岳环列，其民任侠为奸，雕悍少虑，故法家者流起源于此，如申、韩、商君⑤是也；盖国多奸民，非法不足以示威，峻法严刑，岂得已乎？鲁秉周公之典，则习于缛礼繁文，故儒家"亲亲尊尊"之说得而中之。宋承殷人事鬼之俗，民习于愚，故墨子"尊天明鬼"之说得而中之。盖山国之民，修身力行则近于儒，坚忍不拔则近于墨。此北方之学所由发源于山国之地也。

楚国之壤，北有江汉，南有潇湘，地为泽国，故老子之学起于其间。从其说者，大抵遗弃尘世，渺视宇宙，以自然为主，以谦逊为宗。如接舆⑥、沮溺⑦之避世，许行⑧之并耕，宋玉、屈平之厌世，溯

---

① 大秦：古国名，中国史书对古罗马帝国的称呼。

② 管子，即管仲，春秋早期的政治家。齐桓公任命为相，在齐国推行改革。管仲设置各级官吏，加强管理，在乡间实行军事编制，主张按土地好坏分等征税，禁止掠夺家畜，并借助行政命令发展盐铁业，铸造货币，调剂物价，大大增强了齐国的国力，使齐桓公成为春秋第一个霸主。著有《管子》八十六篇。

③ 田骈，战国时哲学家。与彭蒙、慎到属同一学派。强调事物的均齐同一，"齐万物以为首"，认为"万物皆有所可，皆有所不可"，要求人们放弃一切是非考虑，"与物宛转"，不持己意。所著《田子》二十五篇已全部散佚。

④ 邹衍，即驺衍（约前305—前240），战国末期哲学家，阴阳家的代表人物。齐国人。历游魏、燕、赵等国。提出"五德终始"说，把春秋战国时流行的"五行"说附会于社会历史和王朝兴替，后成为两汉谶纬学说的主要来源之一。研究方法是"必先验小物，推而大之，至于无垠"。提出所谓"大九州"说，认为中国只是世界八十一州中的一州。每个九州之外有小海环绕，九个大九州之外有大海环绕，再往外便是天地的边际。当时人们称他为"谈天衍"。《汉书·艺文志》录有《邹子》四十九篇，已佚。

⑤ 商君，即商鞅，战国时政治家。在秦国两次实行变法，奠定了秦国富强的基础。

⑥ 接舆：春秋时隐士。楚国人。"躬耕以食"，佯狂不仕，曾作一首《凤兮歌》讽刺孔子说："往者不可谏，来者犹可追。"并拒绝和孔子交谈。

⑦ 沮溺：指长沮和桀溺，春秋时的两个隐士。隐居不仕，从事耕作，自己养活自己。

⑧ 许行，战国时农家。楚国人。有学生数千人，全都穿粗布衣服，靠打草鞋、织席维持生活。主张"贤者与民并耕而食，饔飧而治"，人人都必须参加劳动，自己做饭吃，就是国君也不例外。反映了古代社会中农民的一种理想。

其起源，悉为老聃之支派。此南方之学所由发源于泽国之地也。由是言之，学术因地而殊益可见矣。

　　厥后交通频繁，北学由北而输南，南学由南而输北。孔学起源于东鲁。自子夏①教西河，而儒学渐被于河朔。故魏文②重其书，荀卿传其学，三晋之士，盖彬彬矣。然秦关以西，为儒术未行之地，则民群朴质，与儒家崇尚礼文者不同。又当此之时，子羽③居楚，子游④适吴，儒教渐被于南矣。然流传未普。观陈良⑤北学中国，得孔子之传，而其徒陈相⑥卒倡并耕之说，非孔学不宜于泽国之证哉？

　　法学起于三晋，及商君、韩非之秦，其学遂行于雍土，则以关中民俗与三晋同，非法不克治国也。墨学虽起于宋，然北至晋、秦，南至郑、楚，皆为墨学所流行，即孟子所谓"其言遍行天下"也。

---

　　①　子夏（前507—?），孔子学生，春秋末晋国温（今河南温县西南）人，一说卫国人，名商。为莒父宰。孔子死后，到魏国西河（黄河间）讲学。主张国君要学习《春秋》，吸取历史教训，防止臣下夺权。宣扬"死生有命，富贵在天"，提出"学而优则仕，仕而优则学"和"大德不逾闲，小德出入可也"等观点。他的学生有李克、吴起等。魏文侯尊之为师。相传《诗》、《春秋》等儒家经典是由他传授下来的。

　　②　魏文：指魏文侯（?—前396），战国时魏国的建立者，名斯。任用李悝为相，吴起为将，西门豹为邺（今河北磁县南）令，奖励耕战，兴修水利，实行改革，使魏国成为当时的强国。曾西取秦国河西（今黄河以北洛水间）之地，又向北越过赵国而攻灭中山国。

　　③　子羽（前512—?），孔子学生。名澹台灭明，字子羽。春秋时鲁国武城（今山东省费县）人。貌丑，但品行端正，"行不由径，非公事不见卿大夫"。孔子发现他的优点后说："以貌取人，失之子羽。"据说子羽曾在楚国讲学。

　　④　子游（前506—?），孔子学生。春秋时吴国人，名偃。擅长文学。曾为武城宰。提倡以礼乐为教，使境内长有"弦歌之声"。并转述了孔子"君子学道则爱人，小人学道则易使"的观点。

　　⑤　陈良，生平不详。春秋时楚国人。曾到北方学习孔子之道，据说连北方的学者都赶不上他。

　　⑥　陈相，陈良的学生。可能也是楚国人。曾跟陈良学习孔孟之道，但最后又抛弃其学说。

老学起源于荆楚。然学派所行，仅及宋郑①；偶行于北，辄与北学相融。故韩非、慎到②之流，合黄老刑名为一派，非老学不宜于山国之证哉？

乃后儒考诸子学术者，只知征子书派别，不识溯诸子之源流。此诸子之道所由日晦也，惜夫！

南北经学不同论

经术③萌芽于西汉，诸儒各守遗经，用则施世，舍则传徒。一经有一经之家法，家法者，即师说之谓也。

至于东汉，士习其学，各守师承；而集其大成者，实为郑康成氏④。特当此之时，经生崛起于河北，江淮以南，治经者鲜。三国之时，经师林立，而南人之说经者有虞翻⑤、包咸、韦昭，然师法相承，

---

① 宋郑：因为庄子为宋国人，列子为郑国人。

② 慎到（约前395至约前315），战国时法家。赵国人，曾在齐国的稷下（当时各家学派争论学术观点的地方）讲学，负有盛名。他从"弃知去己"的观点出发，提出"大君任法而弗躬，则事断于法"的法家政治思想。强调势治，认为"贤智未足以服众，而势位足以诎贤者"。把君主的权势看作是行法的力量；有了权，有了法，一个平凡的君主就可以"抱法处势"，"无为而治天下"。著有《慎子》七篇，已不全。

③ 经术：经学、儒术。《后汉书·儒林传序》云："及光武中兴，爱好经术，未及下车，而先访儒雅，采求阙文，补缀漏逸。"

④ 郑康成，即郑玄（127—200），东汉经学家，字康成，北海高密（今属山东）人。世称"后郑"，以别于郑兴、郑众父子。曾入太学学今文《易》和公羊学，又从张恭祖学《古文尚书》、《周礼》、《左传》等，最后从马融学古文经。郑玄游学归故里，聚徒讲学，弟子多达数百人。后因党锢事被禁，潜心著述，以古文经说为主，兼采今文经说，遍注群经，成为汉代经学的集大成者，称为"郑学"。在整理古代文献上有很大贡献。喜综合，以不同为同。以《周官》为真周制，凡不合者皆归入殷制，以《礼》注《诗》，造成许多附会。今通行本《十三经注疏》中的《毛诗》、"三礼"注，即采用郑玄注。

⑤ 虞翻（164—233），三国时经学家。吴国人，字仲翔，会稽余姚（今属浙江）人。家传西汉今文孟氏《易》。把八卦、五行、方位配合起来，推论象数。所注《易注》九卷已散佚。

仍沿北派。又当此之时，有杜预①、王肃②、王弼③诸人，以义理说经，与汉儒训诂章句学不同。

魏晋以降，义疏之体起。而所宗之说，南北不同。北儒学宗实际，喜以训诂章句说经；南人学尚浮夸，喜以义理说经。《魏书·儒林传》之言曰："汉代郑玄并为众经注，服虔④、何休⑤各有所说。玄《易》、《书》、《礼》、《论语》、《孝经》，虔《左氏》、《春秋》，休《公羊传》，盛行于河北。王弼《易》亦间行焉。"由是言之，北方经术乃守东汉经师之家法者也。《隋书·儒林传序》云："南北所治，章句好尚，互有不同。江左⑥《周易》则王辅嗣，《尚书》则孔

---

①　杜预（222—284），字元凯，西晋将领，经学家。京兆杜陵（今陕西省西安东南）人。曾任大将军，都督荆州诸军事，以灭吴有功，封当阳县侯。多谋略，当时号称"杜武库"。著有《春秋左氏经传集解》、《春秋释例》、《春秋长历》等，其中《春秋左氏经传集解》是《左传》注解流传到今最早的一种，收入《十三经注疏》中。

②　王肃（195—256），三国时经学家。字子雍，东海（今山东郯城西南）人。司马昭妻父。曾遍注群经，不分今文古文，对各家经义进行综合。宗法贾逵、马融之学，唯不喜郑学。曾伪造《孔子家语》等书，作为所撰《圣证论》的论据，和郑玄学派相对立，称为"王学"。所注《尚书》、《诗》、"三礼"、《左传》、《论语》及其父王朗所作《易传》在晋代立有博士。各书均已散佚。

③　王弼（226—249），三国时魏国玄学家。字辅嗣，魏国山阳（今河南焦作市）人。曾任尚书郎，少时即负盛名，死时仅二十四岁。好谈儒道，与何晏、夏侯玄等人同开玄学清谈风气，世称"正始之音"。认为"无"是宇宙的本体。道者"无"之称也，天地虽大，"寂然至无，是其本矣"。对"道"作了唯心主义的解释。更从"凡有皆始于无"，肯定名教（有）出于自然（无）。采用"援老入儒"的方式，为封建伦理纲常作辩护，即以新的玄学代替当时逐渐失势的汉儒经学。其注《易》偏重哲理，扫除汉代经学烦琐之风。著作有《周易注》、《周易略例》、《老子注》、《老子指略》。

④　服虔，东汉经学家。字子慎，河南荥阳人。信古文经学。撰有《春秋左氏传解谊》，以《左传》驳难今文经学家何休。东晋元帝时，服氏《左传》曾立博士。南北朝时，北方盛行服氏《注》。后人集有若干佚书。

⑤　何休（129—182），东汉经学家。字邵公，任城樊（今山东曲阜）人。钻研今文诸经，历十七年撰成《春秋公羊解诂》，为《公羊传》制定"义例"。说《公羊传》有三科九旨，系统地阐发《春秋》中的"微言大义"，成为今文经学家议政的主要依据。

⑥　江左：即指南方。

安国①，《左传》则杜元凯；河洛②《左传》则服子慎，《尚书》《周易》则郑康成，《诗》则并主于毛公③，《礼》则同遵乎郑氏。南人约简，得其精华；北学深芜，穷其枝叶。"是南方经术乃沿魏晋经师之新义也。盖北方大儒，抱残守缺，不尚空言，耻谈新理。

自徐遵明④倡明郑学，以《周易》、《尚书》教授，旁及服氏《春秋》。徐氏而外，习《毛诗》者有王基，习"三礼"者有熊安生⑤，莫不抑王（王弼）而伸郑（郑玄），此北方郑学所由大行也。

江左自永嘉构祸，古学消亡，故说经之徒喜言新理。厥后王弼"易学"行于青、豫，费甝⑥《书疏》传入北方，而南学由南输北矣。崔灵恩著《左氏条义》，伸服（服子慎）难杜（杜元凯）；陆澄议置《易》国学，王、郑并崇；推之、戚衮授《书》，元绍、严植之私淑⑦康成，而北学由北输南矣。

─────────────

① 孔安国，西汉经学家。孔子后裔，武帝时任谏议大夫。相传他曾在孔子住宅的墙壁中发现古文《尚书》，由此而开创古文尚书学派，但为后人所怀疑。又传他有《尚书孔氏传》，自宋人开始怀疑，经明清学者考证，定为后人伪托。

② 河洛：即指北方。

③ 毛公：毛诗学派的创始人毛亨和毛苌。毛亨，一说西汉鲁（今山东曲阜一带）人，一说河间（今河北献县东南）人。据称其诗学传自孔子弟子子夏。曾作《毛诗故训传》，以授毛苌。世称毛亨为"大毛公"，毛苌为"小毛公"。这里"毛公"借指毛诗学派。《汉书·艺文志》著录《毛诗》二十九卷，《毛诗故训传》三十卷。东汉时郑众、贾逵、马融、郑玄等都治《毛诗》。郑玄曾为《毛诗》作《笺》。魏晋以后，今文三家诗散亡或无传者，《毛诗》独盛。至唐孔颖达定《五经正义》，《诗》取毛、郑，更为后世所宗。宋代始有人怀疑出于子夏之说是伪托。

④ 徐遵明，一说即徐彦，《春秋公羊传注疏》的作者。或谓唐人，或谓北魏人。生平不详。所撰之书收入《十三经注疏》中。

⑤ 熊安生：北朝经学家，北方学派的代表人物之一。字植之，长乐阜城（今山东交河东南）人。精通五经和"三礼"。北齐时任国子博士，后入北周。沿袭东汉儒家经说，撰有《周礼》、《礼记》、《孝经》诸义疏，已佚亡。

⑥ 费甝，南朝梁代江夏（今湖北武昌）人。曾任国子助教。撰《尚书义疏》。南朝末年，《义疏》传入北方，为北方学者所接受。唐代孔颖达撰《尚书正义》，亦多采用费《疏》。

⑦ 私淑：过去对自己所敬仰而不得从学的前辈，常自称为"私淑"弟子。

观李业兴使梁①，辩论经义，分析南北，非南北经学不同之确证哉？及贞观定《五经义疏》，南学盛行，而北学遂湮没不彰矣，悲夫！

南北理学不同论

自周末以来，道家学术起于南方。迨及东晋六朝，南方学者崇尚虚无，祖述庄老，以大畅玄风。又南方之疆与赤道近，稽其轨道，与天竺同。自达摩②入中国，以明心见性立教，不立文字，别立禅宗；大江以南，有昭明太子③、刘灵预、陆法和，咸崇其说，由唐至宋，流风不衰。故南方之学术，皆老释之别派也。北宋以来，南北名儒竟以理学相标尚，然开其先者，实惟濂溪周子④。

濂溪崛起湘粤，受学陈抟⑤，著《太极图说》，并著《能书》四十篇，以易简为宗，以自然为主，以无言垂教，以主静为归。虽缘饰《中庸》、《大易》，然溯厥渊源，咸为道家之绪论。故知几通神，即老

---

① 《魏书·李兴业传》中记载，李兴业出使至梁，梁武帝萧衍问及北方儒学和玄学的关系问题时，李兴业的回答都是辟玄申儒，辟王申郑。

② 达摩，菩提达摩的简称。中国禅宗的创始人。相传为南天竺人，南朝宋末航海到广州，又往北魏洛阳，后住嵩山少林寺。传说达摩在此面壁打坐九年，遇慧可，授以《楞伽经》四卷。慧可承受了他的心法，于是禅宗得以流行。

③ 昭明太子，即萧统（501—531），南朝梁代文学家。字德施，南兰陵（今江苏常州西北）人。武帝长子，曾立为太子。因死后谥昭明，世称昭明太子。信佛能文。曾招聚文学之士，编集《文选》三十卷，对后代文学影响颇大。

④ 濂溪周子：即周敦颐（1017—1073），北宋哲学家。字茂叔，道州营道（今湖南道县）人。因筑室庐山莲花峰下的小溪上，取营道故居莲溪以名之，后人遂称为濂溪先生。继承《易传》和部分道家以及道教思想，提出一个简单而有系统的宇宙构成论，说"无极而太极"，"太极"一动一静，产生阴阳万物。圣人模仿"太极"建立"人极"。"人极"即"诚"，"诚"是"纯粹至善"的"五常之本，百行之源"，是道德的最高境界，只有通过主静、无欲，才能达到这一境界。其学说对以后理学的发展有很大影响。著作有《太极图说》和《通书》等。

⑤ 陈抟（？—989），五代宋初道士。字图南，自号扶摇子，亳州真源（今河南鹿邑县）人。生于唐末，举进士不第，隐居华山。著有《无极图》和《先天图》。认为万物一体，只有超绝万有的"一大理法"存在。其学说后经周敦颐、邵雍加以推演，成为宋代理学的组成部分。

氏赞玄之说也；存诚窒欲，即庄生复性之说也，是为南方学派之正宗。

及河南二程①受业濂溪，复参考王通②、韩愈、孙复③之言，故南学北学两派相融。今观二程遗书，以格物为始基，以仁道为总归，涵养必先主敬，进学必在致知，即言诚言静，亦稍异于濂溪，而持躬严谨，尤近儒学。然以天理为绝对之词，致涵养之弊，流为观心，进学之余，易为废学，而乐天知命，知化穷神，尤与濂溪学术相合，盖南学渐杂北学矣。故二程弟子立说多近于禅宗。

横渠④崛起关中，由二程而私淑濂溪。然关中之民，敦厚崇礼，

---

① 二程：程颐和程颢。程颐（1033—1107），北宋哲学家、教育家。字正叔，人称伊川先生。河南洛阳人。曾和其兄程颢求学于周敦颐，同为北宋理学的奠基者，世称"二程"。其学以"穷理"为主。认为"天下之物皆能穷，只是一理"，"一物之理即万物之理"，理"在天为命，在人为性，论其所主为心，其实只是一个道"，强调"格物之理，不若察之于身，其得尤切"，主张"涵养须用敬，进学在致知"的修养方法，目的在"去人欲，存天理"，为名教纲常辩护。认为寡妇再嫁是大逆不道，提出"饿死事极小，失节事极大"。认为人有贤愚之分，是由于"才禀于气，气有清浊，禀其清者为贤，禀其浊者为愚"。他和其兄程颢的学说后来为朱熹所继承和发展，世称程朱学派。著作有《易传》、《颜子所好何学论》等。程颢（1032—1085），北宋哲学家、教育家，字伯淳，人称明道先生。河南洛阳人。和其弟程颐同为北宋理学的奠基者。在洛阳讲学十余年，弟子有"如坐春风"之喻。提出"天者理也"和"只心便是天，尽之便知性"的命题，认为知识、真理的来源，只是内在于人的心中，"当处便认取，更不可外求"。为学以"识仁"为主，认为"仁者浑然与物同体，义礼知性皆仁也"，识得此理，便须"以诚敬存之"。著作有《定性书》、《识仁篇》。

② 王通（584—617），隋代哲学家。字仲淹，绛州龙门（今山西河津）人。有弟子多人，时称"河汾门下"。主张儒、佛、道三教合一，其基本立足点则为儒学。著作有《中说》。

③ 孙复（992—1057），北宋初学者。字明复，晋州平阳（今山西临汾）人。其学上祖陆淳，下开胡安国。和胡瑗、石介共同提倡"以仁义礼乐为学"，并称"宋初三先生"。以继承儒家道统自居。站在维护封建统治的"尊王"立场上，反对佛教、道教"去君臣之礼"，抨击"祸福报应"思想。主要著作有《春秋尊王发微》。

④ 横渠，即张载（1020—1077），北宋哲学家。字子厚，居凤翔郿县（今陕西眉县）横渠镇，世称横渠先生。讲学关中，故其学派称为"关学"。提出"太虚即气"的学说，肯定"气"是充塞宇宙的实体，正是由于气的聚散变化，才形成各种各样的事物现象。批判佛、道两家的"空""无"观点。猜测到事物对立面统一的某些原理："有反斯有仇，仇必和而解。"在教育思想上强调"学以变化气质"。对明清之际的王夫之有很大的影响。著作有《正蒙》、《经学理窟》、《易说》等。

故横渠施教，亦以礼乐为归，旁彻象纬律历之术，于名数质力之学，咸契其微，与阴阳家相近，此皆北学之菁英也。然立说之旨，不外知性、知天。穷鬼神之术，明生死之源，上溯太极太虚之始，此知天之学也。极深研几，间符《大易》，惟存心至公，流为无欲，观化之极，自诩通微，则又老释之绪余，濂溪之遗教也。此亦南学北行之证。康节之学，舍理言数，然观物察理，咸能推显阐幽，与汉儒京翼之言相似，乃北学之别标一帜者也。

及女真构祸，北学式微，而程门弟子，传道南归，其最著者厥惟龟山①、上蔡②。上蔡之学，虽杂禅宗，然殚见洽闻，为程门弟子之冠。康侯③从上蔡游，其子五峰④传其学，皆以博学著书著闻。南轩张氏⑤受业五峰，以下学立教，以致知力行为归。龟山夷犹淡旷，以慎

---

① 龟山，指杨时（1044—1130），北宋学者，字中立，南剑州将乐（今属福建）人。官至龙图阁直学士。晚年隐居龟山，学者称龟山先生。先后学于程颢、程颐。与游酢、吕大临、谢良佐并称程门四大弟子。南归时，程颢送之曰："吾道南矣！"后东南学者尊为"程氏正宗"。主张"致知必先于格物"等观点。朱熹之学与之有间接的师承关系。著作有《龟山集》。

② 上蔡，指谢良佐（1050—1103），北宋学者，字显道，上蔡（今属河南）人。学者称上蔡先生。程门四大弟子之一。程颐曾问其所进，答曰："但去得一矜字尔。"为学主张"敬是学惺惺（即时时警觉）之法"，为朱熹所称道。著作有《论语说》、《上蔡语录》。

③ 康侯，指胡安国（1074—1138）。南宋经学家。字康侯，建宁崇安（今属福建）人。长于春秋学，系孙复再传弟子。撰有《春秋传》三十卷，往往借用《春秋》议论政治。明初宗法程、朱，以安国之学私淑程颐，因此《春秋传》被定为科举取士的教科书。

④ 五峰，指胡宏（1102—1161）。南宋学者。字仁仲，崇安（今属福建）人。胡安国季子，二程再传弟子。学者称五峰先生。张栻曾从其问学。反对以"善恶言性"，认为"天理人欲，同体异用"，圣人"不去情"、"不绝欲"，要在"发而中节"而已。著作有《知言》、《皇王大纪》等。

⑤ 南轩张氏，指张栻（1133—1180），南宋学者。字敬夫，又字乐斋，号南轩。汉州绵竹（今属四川）人。和朱熹、吕祖谦齐名，时称"东南三贤"。断言所谓"礼者天之理"，即把封建秩序看作是永恒不变的规律。为学主张"明理居敬"，认为"居敬有力，则其所穷者益精；穷理浸明，则其所居者亦有地"。著作有《南轩集》。

独立静为宗，一传而为豫章①，再传而为延平②。其学以默坐澄心为本，守程子体认天理之传，以为心体洞然，即可反身自得，盖南轩近北学而延平则为南学也。

考亭朱熹③早年泛滥于佛老之学。及从延平（李侗）问道，讲明性情之德，皆从发端处施功，乃渐悟佛老之非，由中和旧说，一变而悟未发之真；虽为学稍趋平实，而默坐澄观，仍属蹈虚之学。及从南轩于湘南，而治学之方，始易以察识为先，以涵养为后，由蹈虚之学加以征实之功。迨及晚年，力守二程之说，以为涵养莫如敬，进学在致知。故施教之方，必立志以定其本，知性以明其要，主敬以持其志，穷理以致其知，力行以践其实；教人也周，用力也渐。于涵养主敬之说，亦有微词。而讲学之余，不废作述，于典章、声律、音韵之学，咸能观其会通，博观约取，盖纯然北学之支派矣。

己未④以还，益崇下学，惟虞流入于虚灵。然涵养之说，未尽涤

---

① 豫章，指罗仲素。

② 延平，即李侗（1093—1163），南宋学者。字愿中，学者称延平先生。南剑州剑浦（今福建南平市）人。朱熹曾从游其门。为学主张"默坐澄心，以验夫喜怒哀乐未获之前气象何如"。肯定儒学和佛道等"异端"的不同在于掌握"理一分殊"之旨。其语录由朱熹编为《延平问答》。

③ 朱熹（1130—1202），南宋哲学家、教育家。字元晦，号晦庵。徽州婺源（今属江西）人。一生广泛注释典籍，对经学、史学、文学、乐律以至自然科学均有不同程度的贡献。在哲学上，发展了"二程"关于理气关系的学说，集理学之大成，建立起一个比较完整的客观唯心主义理学体系，世称"程朱学派"。认为理和气不能相离，"天下未有无理之气，亦未有无气之理"，"理在先，气在后"。强调"天理"和"人欲"对立，要求人们放弃"私欲"，服从"天理"。吸收当时科学成果，提出了阴阳二气的宇宙演化学说。朱熹理学后来一直成为封建社会的统治工具。他的博览和精密分析的学风对后世学者也很有影响。著作有《四书章句集注》、《周易本义》、《诗集传》、《楚辞集注》等。

④ 己未：公元1199年。

除；故收藏敛密，用心于内，提撕①省察，以察事物之本源，或反观
内省，自诩贯通。虽由实入空与陆②、王③异，然观心之说，仍无异于
延平。故解析经文，犹杂禅宗之说。盖朱子虽崇实学，然宅居南土，
渐摩濡染，易与虚学相融，故立学流入玄虚，与佛老之言相近。较
周、程之学，大抵相符。

　　当此之时，与朱子并行者，厥惟荆溪陆氏（陆九渊），讲学鹅湖，
与考亭之言迥异。重涵养而轻省察，乐简易而极高明，废讲学而崇践
履；以诠心为主，以乐道为宗，直捷径情，颖悟超卓。甚至以六经为
注脚，以章句为俗学，稍及读书格物，则谓之破碎支离。虽束书不
观，易流虚渺，然陆学擅长之处亦有三端：一曰立志高超；二曰学求
自得；三曰不立成心。综斯三美，感发齐民，顽廉懦立，信乎百世之

---

　　① 提撕：提醒。《朱子全书·存养》中说："只要常自提撕，分寸积累将去，久之
自然接续，打成一片。"

　　② 陆：即陆九渊（1139—1193），南宋哲学家和教育家。字子静，自号存斋，抚州
金溪（今属江西）人。曾结茅讲学于象山（在今江西），人们又称为象山先生。陆九渊
的学说与其兄陆九韶、陆九龄并称"三陆子之学"。提出"心即理"说，断言天理、人
理、物理只在吾心中，心是唯一的实在，"宇宙便是吾心，吾心即是宇宙"。认为"心"
和"理"是永久不变的。企图证明一切封建道德都是人心所固有，也是永远不变的。治
学方法是"立大"、"知本"、"发明本心"，只要悟得本心，不必多读书，"六经皆我注
脚"。在"太极""无极"问题和治学方法上，曾与朱熹进行过长期辩论。他的学说由明
代的王守仁继承下来，成为陆王学派。著作有《象山先生全集》。

　　③ 王：即王守仁（1472—1528），明代哲学家和教育家。字伯安，余姚（今属浙
江）人。曾筑室故乡阳明洞中，故世称阳明先生。他发展了陆九渊的学说，用以对抗程
朱学派。认为"万事万物之理不外于吾心"，"心明便是天理"，否认心外有理、有事、
有物。提出"致良知"的说法，把封建道德说成是与生俱来的良知，认为治学是"惟求
得其心"，用这种反求于内心的方法，以达到所谓"万物一体"的境界。他的"知行合
一"和"知行并进"说，旨在反对宋儒和程颐等"知先行后"以及各种割裂知行关系的
观点。王守仁的学说以反传统的姿态出现，在明朝中期以后影响极大，还流传到日本。
有《王文成公全书》三十八卷。

师矣！盖考亭之学，近于曾子①、子思②，律以佛学，则宗门中渐悟之派也；荆溪之学，近于曾皙、琴张，律以佛学，则宗门中顿悟之派也。非南学殊于北学之征欤？

荆溪弟子有杨敬仲、袁和叔、沈叔晦、舒元质，讲学四明③。东南人士，闻风兴起。若魏益之、黄仲山、徐子宜、陈叔向，咸以颖悟自矜，与荆溪之言默相印证，盖皆禅学之绪余也。

当此之时，两浙之间有金华学派④，有永嘉学派⑤，渊源悉出于程门。金华学派以东莱⑥为大师，永嘉学派以止斋水心⑦为巨擘。然东莱

---

① 曾子（前505至前436），春秋末年鲁国南武城（今山东平邑）人。名参，字子舆。孔子学生。以孝著称。提出"吾日三省吾身"的修养方法，认为"忠恕"是孔子"一以贯之"的思想。提出"慎终（慎重地办理父母丧事），追远（虔诚地追念祖先），民德归厚"，"犯而不校（计较）"等主张。相传《大学》为其所著。后被封建社会尊奉为"宗圣"。

② 子思（前483至前402），战国初期哲学家。姓孔，名伋，孔子之孙。相传曾受业于曾子。他把儒家的道德观念"诚"说成是世界本原，以"中庸"作为其学说的核心。孟子曾受业于子思门人，将其学说加以发挥，形成了"思孟学派"，后被封建社会尊奉为"述圣"。现存《礼记》中的《中庸》、《表记》、《坊记》等，相传就是他的著作。

③ 四明：浙江省旧宁波府的别称，以境内有四明山而得名。

④ 金华学派：又称婺学，南宋以吕祖谦为代表的理学派别。对理学内部朱熹和陆九渊的争执采取折中调和的态度。

⑤ 永嘉学派：南宋学派之一。因其主要代表人物薛季宣、陈傅良、叶适等人都是永嘉（今浙江温州）人，故称永嘉学派。永嘉学派反对朱熹、陆九渊的理学，认为"道"存在于事物本身之中，离开了具体的客观事物就不可能有抽象的"道"存在。提倡功利之学，反对脱离实际的烦琐议论，与永康学派同有浙东学派之称。

⑥ 东莱：即吕祖谦（1137—1181），南宋哲学家、文学家。字伯恭，世称东莱先生。婺州（今浙江金华）人。和朱熹、张栻齐名，时称"东南三贤"。为学主张"明理躬行"，治经史以致用，反对空谈阴阳性命之说，开"浙东学派"之先声。曾邀集鹅湖之会，企图调和朱熹和陆九渊之间关于哲学思想的争执。散文笔锋犀利。著作有《东莱集》等。

⑦ 水心：即叶适（1150—1223），南宋哲学家。字正则，温州永嘉（今属浙江）人。人称水心先生。在哲学、史学、文学以及政论等方面均有所贡献。强调"道"存在于事物本身之中。讲究"功利之学"，提倡对事物作实际考察，"夫欲折中天下之义理，必尽考详天下之事物而后不谬"。反对当时的性理空谈，对于理学家们所崇拜的人物如曾子、子思、孟子等，进行了大胆的批判。著作有《习学记言》、《水心先生文集》等。

之学，斥穷理而尚良知；水心之文，表禅宗而穷悟本。推其意旨，近陆远朱。惟永嘉学派，崇尚事功，侈言用世，复与永康学派①相同。其故何哉？盖南方学者，咸负聪明博辩之才，或宅心②高远，思建奇勋，及世莫予知，则溺志清虚，以释其郁勃不平之气；或崇尚心宗，证观有得，以为物我齐观、死生齐等，故济民救世，矢志不渝。此心性事功之学所由咸起于南方也。

及南宋末叶，陆学渐衰。而为朱子之学者，或解遗经，或崇典制，或尚躬行，各择性之所近，以一节自鸣。然斯时朱学尚未北行也。及姚枢③、许衡④得朱氏遗书，是为北人知朱学之始。然尺步绳趋，偏执固滞，以自锢其心思，此则倡主敬涵养末流之失也。由元迄明，数百年间，专主考亭一家之说。渑池⑤、河东⑥，椎轮⑦伊始；泾野⑧、三原⑨，风教渐广。大抵恪守考亭家法，躬行礼教，言规行矩；然自得之学，旷然未闻。此明代北学之嚆矢⑩也。

---

　① 永康学派：南宋学派之一。因代表人物陈亮为永康（今属浙江）人，故称永康学派。主张"事功之学"，反对理学家空谈心性命理，与永嘉学派同为浙东学派。

　② 宅心：居心，存于心中。

　③ 姚枢（1201—1278），元柳城（今辽宁朝阳）人，字公茂，太宗时从蒙古军攻宋，受命访求儒道，于德安得儒生赵复，始见程朱之书，遂为理学信徒。忽必烈（即元世祖）为亲王时，请他教授世子经书，并备顾问。宪宗时请兴河南屯田。世祖时授昭文馆大学士，详定礼仪，官至翰林学士承旨。

　④ 许衡（1209—1281），宋元之际学者。字仲平，号鲁斋，河内（今河南沁阳）人。与姚枢、窦默等宣讲程朱理学。忽必烈（即元世祖）为亲王时，任京兆提学，在关中大办学校。世祖即位后，与刘秉忠等定朝仪官制。为元统治者策划"立国规模"。认为"考之前代，北方之有中国者，必行汉法，乃可长久"。他说"理"是事物的"所以然"和"所当然"，前者叫"命"，后者叫"义"，都是人们"穷理"的对象。有《鲁斋遗书》等。

　⑤ 渑池：即曹月川。

　⑥ 河东：即薛敬轩。

　⑦ 椎轮：原始的无辐条的车轮，比喻事物处于草创阶段。

　⑧ 泾野：即吕仲木。

　⑨ 三原：即王右渠。

　⑩ 嚆矢：响箭。射箭时声音先于箭而到，用以比喻事物的开端。犹言先声。

及康斋①受业河东，始有吴学；敬斋②受业康斋，因有胡学，咸执守河东绪言，是为北学南行之始。白沙③之学，亦出康斋，然以虚为本，以静为基，以怀疑为进德之门，以无欲为养心之要，养端倪于静中，以陈编为糟粕，以何思何虑为极则，以勿忘勿助为本，然不为外物所撄④，以求合自然之则；盖远希曾点，近慕濂溪，与康斋之恪守北学者迥然异矣。白沙弟子遍两粤，惟甘泉湛氏⑤以体认天理为宗，谓人心之用，贯彻万物而不遗；惟排斥主静，不废诵读之功，较之白沙稍为近实。

阳明崛起浙东，用禅宗之说而饰以儒书，以为圣人之道，吾性自足，不假外求，以知觉为性，以知觉之发动者为心，以心为湛然虚明之物，故周彻洞贯之余，即可任情自发，感寂无两机，显微无二致，即心是理，即知是行，舍实验而尚怀疑，存天理而排人欲；然立义至单，弗克自圆其说。厥后，东廓主戒惧，双江主归寂，念庵主无欲，

---

① 康斋：即吴与弼（1391—1469），明代学者。字子傅，号康斋，抚州崇仁（今属江西）人。一生讲学家乡，不应科举。学宗程朱理学，注重"静时涵养，动时省察"，要求在日常生活中努力做到"贫而乐"。曾说过这样的话："宦官释氏不除，而欲天下之治，难矣！吾庸乎出？"胡居仁、陈献章等人都出自他门下。著作有《康斋文集》、《日录》。

② 敬斋：即胡居仁（1434—1484），明代学者。字叔心，号敬斋。余干（今属江西）人。曾师事吴与弼，一生以讲学为业。认为"气之有形体者为实，无形体者为虚；若理则无不实也"。强调穷理的方法不止一端："读书得之虽多，讲论得之尤速，思虑得之最深，行事得之最实。"批判"释氏见道，只如汉武帝见李夫人，非真见也。只想象这道理，故劳而无功。儒者便即事物上穷究"。著作有《居业录》。

③ 白沙：即陈献章（1428—1500），明代学者。字公甫，新会（今属广东）白沙里人，世称白沙先生。受学于吴与弼，继承陆九渊"心即是理"的观点，认为宇宙只是一理的表现，这理便是心。他说："此理干涉至大，无内外，无始终，无一处不到，无一息不运。会此则天地我立，万化我出，而宇宙在我矣。"在修养方面，主张静坐，认为"学劳攘则无由见道，故观书博识，不如静坐"。颇近禅学。著作有《白沙集》。

④ 撄：扰乱，萦绕，纠缠。

⑤ 甘泉湛氏：指湛若水（1466—1560），明代哲学家。字元明，号甘泉，增城（今广东）人。官至南京礼、吏、兵部尚书。少师事陈献章，后与王守仁同时讲学，各立门户。王守仁主"致良知"，湛若水主"随处体认天理"，认为"心也者包乎天地万物之外，而贯夫天地万物之中者也，中外非二也"。著作有《湛甘泉集》。

咸祖述良知之学而稍易其词。

　　然阳明既殁，吴越楚蜀之间，讲坛林立。余姚学派，风靡东南；龙溪①、心斋②流风尤远。从其学者，大抵摭③拾语录，缘释入儒，以率性为宗，以操持为伪，以变动不居为至道，以荡弃礼法为自然；甚至土苴④六籍，刍狗⑤圣贤，以为章句不足守，文字不足求，典训不足用，义理不足穷，与晋人旷达之风相似。然流俗昏迷，至理谁察？得讲学大师随机立教，直指本心，推离还源，如寐得觉，故奋发兴起，感及齐氓。此虽阳明讲学之功，然二王（龙溪、心斋）化民成俗之勋，岂可没软！此皆明代南方之学也。

　　当此之时，淮汉以南，咸归心王学。惟整庵罗氏，东莞陈氏，守程朱之矩镬⑥，遏王学之横流；然以寡敌众，与以卵投石相同。非北学不适于南方之证哉！

　　惟北方巨儒，谨守河东三原之学。若后渠⑦、柏斋⑧、心吾⑨，咸

---

　　① 龙溪：即王畿（1498—1583），明代学者。字汝中，别号龙溪，山阴（今浙江绍兴）人。王守仁的学生。讲学四十余年，在吴、楚、闽、越、江、浙等地传播王学。尝说："心、意、知、物只是一事，若悟得心是无善无恶之心，则意、知、物俱是无善无恶。"主张"从先天心体上立根"，认为"良知一点虚明，便是作圣之机，时时保住此一点虚明，不为旦昼梏亡，便是致知"。把王守仁的"良知"学说进一步引向禅学。著作有《龙溪集》。

　　② 心斋：即王艮（1483—1541），明代哲学家，泰州学派的创立者。字汝止，号心斋。泰州安丰场（今属江苏东台）人。出身盐丁，壮年读《大学》、《论语》等书，后拜王守仁为师，以讲学终身。门徒中有樵夫、陶匠、农民等。提出"百姓日用即道"的命题，主张从日常生活中寻求真理。他说，"即事是学，即事是，人有困于贫而冻馁其身者，则亦失其本而非学也。"强调身为家国天下之根本，把"安身立本"作为封建伦理道德的出发点，后因有"淮南格物说"之称。著作有《王心斋先生遗集》。

　　③ 摭：拾取，摘取。

　　④ 土苴：土渣，比喻极其轻贱无用的东西。这里是视为土渣的意思。

　　⑤ 刍狗：草和狗，比喻轻贱无用的东西。这里是看作草和狗的意思。

　　⑥ 矩镬：等于说规矩，法度。

　　⑦ 后渠：即崔铣。

　　⑧ 柏斋：即何塘。

　　⑨ 心吾：即吕坤。

砥砺廉隅①，敬义夹持，不杂余姚之说。王门弟子仅玄庵②、季美③数人，然大抵尊闻行知，未能反躬自得；湛门弟子仅少墟冯氏④一人，然躬行实践，排斥虚无，易与北学相淆，非复甘泉之旨。非南学不适于北方之证哉！

明代末叶，南方学者若伯玉⑤、鱼山⑥、正希⑦、懋德⑧、震青⑨，咸皈依佛法，复以忠义垂名。而高顾诸儒，讲学东林，力矫王学末流之失，弘毅笃实，取法程朱，然立说著书，虽缘饰闽洛之言，实隐袭余姚之旨。蕺山之学，出自东林，以诚意为宗，以慎独为主，以改过为归。而良知之说，益臻平实，不杂玄虚。然改过之说，出于阳明之格非，慎独之言，出于东廊之戒惧，而诚意之旨，亦与念庵无欲相同，惟守身严肃，足矫明儒旷放之风。故从其学者，或主考亭，或主阳明；两派分歧，纷纭各执。

时北方学者有孙夏峰⑩、李二曲⑪。夏峰讲学百泉，持朱陆之平，

---

① 廉隅：本指棱角，后用以比喻人品行为端方、有志节。

② 玄庵：即穆孔晖，山东人。

③ 季美：即尤时熙，河南人。

④ 冯氏：即冯从吾，字仲好，号少虚，陕西人，甘泉的再传弟子。

⑤ 若伯玉：即金炫，武进人。

⑥ 鱼山：即熊开元，嘉鱼人。

⑦ 正希：即金声，徽州人，又作休宁人。

⑧ 懋德：即蔡维立，昆山人。

⑨ 震青：即朱天麟，昆山人。

⑩ 孙夏峰：即孙奇逢（1584—1675），明清之际学者。字启泰、钟元。世称夏峰先生。直隶容城（今河北）人。明亡，隐居不仕。与黄宗羲、李颙并称三大儒。为学以"慎独为宗，体认天理为要，以日用伦常为实际"。初宗陆九渊、王守仁，晚慕朱熹理学，终于成为两派的调和者。著作有《理学宗传》、《夏峰先生集》等。

⑪ 李二曲：即李颙（1627—1705），明清之际哲学家。字中孚，号二曲，陕西周至人。曾讲学江南，门徒甚众，后主讲关中书院。与孙奇逢、黄宗羲并称三大儒。清廷屡以博学鸿词征召，绝食坚拒得免。为学主张兼采朱（熹）陆（九渊）两派，认为"朱之教人，循循有序"，"中正平实，极便初学"，"陆之教人，一洗支离锢弊之陋，在儒者中最为儆切"，主张各取所长，重视实学，提倡"明体适用"。曾同顾炎武反复辩论"体用"问题。力主自由讲学，与满清朝廷的思想钳制政策相对立。著作有《四书反身录》、《二曲集》等。

不废阳明之说；从其学者，多躬行实践之士。然仲诚、孔伯，仍主陆王。至颜李巨儒，以实学为天下倡，而幽豫之士，无复以空言相尚矣。二曲讲学关中，指心立教，不涉见闻，近于龙溪心斋之学。然关中之地，有王尔缉、李天生，皆敦崇实学，克己复礼，有横渠讲学之遗风，是南学由南输北辄与北学相融。

自是以还，昆山①、云一②，标帜齐东，彪西③、暗章④，授徒汾晋，咸尊朱辟陆，以居敬穷理为宗。齐晋之间，遂为北学盛行之地矣。

南方之儒，嫉王学之遗实学也，亦排斥余姚，若放淫词；然舍亭林、道威、晚村外，若陆陇其⑤、李光地⑥、杨名时⑦，咸缘饰朱学，炫宠弋荣，与宋明讲学诸儒异趣。而东林子弟，讲学锡山⑧，吴中学者多应之。大抵近宗高顾，远法程朱，然重涵养而轻致知，尊德性而道问学，近于龟山、延平之旨，与北方学派不同。

至此以还，淮南徽、歙之间，咸私淑东林之学⑨。淮南学者，以朱止泉为最著，然治心之说与吴中同。惟徽、歙处万山之间，异于东南之泽国，故闻东林之绪论者，咸崇礼教，或致知格物，研精殚思，

①　昆山：指刘原渌。

②　云一：指姜国霖。

③　彪西：指范镐鼎。

④　暗章：指李暗章。

⑤　陆陇其（1630—1692），清初学者，字稼书，平湖（今属浙江）人。康熙进士。与陆仪并称"二陆"，学宗程朱理学。以"居敬守穷理"为主，反对王守仁"致良知"说，认为王学之弊，"至于荡轶礼法，蔑视伦常"。从朱熹"人人各有一太极"的命题出发，把维护封建伦理道德提到更重要的地位。著作有《困勉录》、《三鱼堂文集》等。

⑥　李光地（1642—1718），清代福建安溪人，字晋卿，号厚庵。康熙进士。治程朱理学，曾奉命主编《性理精义》、《朱子大全》等书。著有《榕村全集》。

⑦　杨名时（1661—1737），清代江苏江阴人。字宾实，号凝斋。康熙进士。出李光地门下。素治理学，著有《易义札记》、《诗经札记》等。

⑧　锡山：在江苏无锡西郊，东林书院设在这里。

⑨　东林之学：指东林书院。故址在今江苏无锡。北宋时杨时讲学于此，后即以其地为书院。

与空谈心性者迥别。

当此之时，吴越之民，虽崇桐乡张氏之学，然证人学会、姚江书院①，启于越东；讲学之旨，大抵宗蕺山而祧②阳明。倡其说者，有钱③、沈④、管⑤、史⑥诸子。沈氏弟子有韩仁父⑦、邵子唯⑧、劳麟书⑨。邵氏世传家学，至念鲁⑩而集其大成；以觉悟为宗，与海门近溪之言相近。又吴中之地，前有钱氏，后有尺木；其学杂糅儒佛，与大绅⑪、台山⑫相切磋。而大江以南，习陆王之学者以数十计。岂非南方之地，民习浮夸，好腾口说，固与北人之身体力行者殊哉？

晚近以来，伪学日昌，南北讲学之风尽辍，而名节亦日衰矣。

南北考证学不同论

宋元以降，士学空疏。其寻究古义者，宋有王伯厚，明有杨用修⑬、

---

① 姚江书院：即指姚江学派，又称阳明学派。姚江在浙江余姚县，因创始人王守仁为余姚人而得名。

② 祧：继承前人。

③ 钱：指钱德洪（1496—1574）。明代学者。名宽，字洪甫，号绪山，余姚（今属浙江）人。王守仁的得意弟子。在江浙宣、歙、楚、广等地讲学三十年，传播王学。认为"充塞天地间，只有此良知"，"此知运行，万古有定体，故曰太极"。著作有《绪山会语》。

④ 沈：指沈国谟。

⑤ 管：指管宗圣。

⑥ 史：指史孝咸。

⑦ 韩仁父：指韩孔当。

⑧ 邵子唯：指邵曾可。

⑨ 劳麟书：指劳史。

⑩ 念鲁：指邵廷采。

⑪ 大绅：指汪缙。

⑫ 台山：指罗有高。

⑬ 杨用修：即杨慎（1488—1559），明代文学家。字用修，号升庵，四川新都人。其诗虽不专主盛唐，但仍有拟古倾向。能诗能文，对民间文学颇为重视。其论古考证之作，范围较广，但时有疏失。著作达一百余种，后人辑为《升庵集》。

焦弱侯①。伯厚博极群书，掇拾丛残，实为清学之鼻祖。用修、弱侯咸排斥宋儒。用修通文字、地舆、谱牒之学，惟语多复杂，谊匪专门。弱侯观书多卓识，惟穿凿不足观。

殆及明季，黄宗羲②崛起浙东，稍以辩论擅长，然武断无家法。时萧山毛氏，黜宋崇汉，于《五经》咸有撰述，牵合附会，务求词胜德清。胡渭作《禹贡》，锥指《洪范·正论》，精于象数、舆图之学，惟采掇未精。吴越之民，闻风兴起，治《礼经》者有蔡德晋、盛世佐、任启运，治"毛诗"者有朱鹤龄、陈启源，治"易学"者有吴鼎、陈亦韩，治《春秋》者有愈汝言、顾栋高，咸杂糅众说，不主一家，言淆雅俗，瑜不掩瑕，譬若乡曲陋儒，冥行索途，未足与于经生之目。此南学之一派也。

又东南人士，喜为沉博之文。明季之时，文人墨客，多以记诵擅长，或摘别群书，广张条目，以供獭祭③之需。秀水朱彝尊④尤以博学著闻，虽学综四部⑤，然讨史研经，尚无途辙。浙人承其学者，自杭

---

① 焦弱侯：即焦宏（1540—1620），明代学者。字弱侯，号漪园，江宁（今江苏南京市）人。官至翰林院修撰。与李贽交往最深。认为佛经所说，乃是孔孟"尽性至命"之精义，汉宋诸儒经注反成糟粕，企图引佛入儒，调和两家思想。著作有《澹园集》、《焦氏类林》、《老子翼》、《庄子翼》等。

② 黄宗羲（1610—1695），明清之际思想家、史学家。字太冲，号南雷，学者称梨州先生。浙江余姚人。父亲黄尊素为"东林"名士。明亡后隐居著述，屡拒清廷征召。与孙奇逢、李颙并称三大儒。学问非常渊博，对天文、算术、乐律、经史百家以及释道之书，无不研究。在史学方面成就较大，所著《明儒学案》，开浙东史学研究之风气。哲学上反对宋儒"理在气先"之说，认为"理"不是实体，只是"气"中的条理和秩序。文学方面，强调诗文必须反映现实，表达真情实感，不满于明代七子的模拟剽窃之风。著作有《宋元学案》、《明儒学案》、《明夷待访录》、《南雷文案》等。

③ 獭祭：水獭贪吃鱼，常常把捕捉到的鱼陈列在水边，如陈物而祭，称为祭鱼。后借指用典过多、堆砌成文为"獭祭"。

④ 朱彝尊（1629—1709），清代文学家。字锡鬯，浙江秀水（今嘉兴）人。曾参加修撰《明史》。擅长经史、诗词、古文。于词推崇姜夔，为浙西词派的创始者。诗与王士禛齐名，时称"南朱北王"。有些篇章对民生疾苦有所反映。著作有《经义考》、《日下旧闻》、《词综》等。

⑤ 四部：我国古代图书分类名称：经、史、子、集。

世骏①、全祖望②，咸成熟于琐闻佚事，博学多闻，未能探赜索隐，口耳剽窃，多与说部相符，然皆以考古标其帜。

及经学稍昌，江南学者，即本斯意以治经。由是有掇拾之学，复有校勘之学。掇拾之学，掇次已佚之书，依类排列，单词碎义，博采旁搜；校勘之学，考订异文，改易殊体，评量于字句之间，以折中古本。先是，武进臧琳③作《经义杂记》，以为后儒注经疏于校雠，多讹文脱字，致失圣人之本经，于旧文之殊于今本者，必珍如秘笈④，以正俗字之讹；于古义之殊于俗训者，必曲为傅，合以证古训之精。虽陈义渊雅，然迂僻固滞，适用者稀。

东吴惠氏，亦三世传经。周惕⑤、士奇⑥，虽宗汉诂，然间以空言说经。惠栋⑦作《周易述》，并作《左传补注》，执注说经，随文演绎，富于引申，寡于裁断，而扶植微学，亦有补苴罅漏之功。栋于说

---

① 杭世骏（1696—1773），清代学者。字大宗，号堇浦，浙江仁和（今杭州）人。乾隆时举博学鸿词科，授编修。晚年主讲粤东、扬州书院。学识渊博，长于史学及小学。曾受命校勘《十三经》、《二十四史》。能诗能文。著作有《诸史然疑》、《三国补注》等。

② 全祖望（1705—1755），清代史学家、文学家。字绍衣，学者称谢山先生。浙江鄞县人。乾隆进士。初为翰林，后辞官归家，专心著述。在学术上推崇黄宗羲，并受万斯同的影响，研治宋末历史和南明史事。续修黄宗羲《宋元学案》十年。七校《水经注》，三笺《困学纪闻》，在史料考订上有所贡献。

③ 臧琳（1650—1713），清代经学家。字玉林，江苏武进人。一生绝意科举，以研经考古为务。主张读书应通训诂，汉经应以汉注和唐疏为主。著作有《经义杂记》、《尚书集解》、《尚书考异》等。

④ 笈：书箱。

⑤ 周惕：即惠周惕，清代经学家。字元龙，一字砚溪，江苏吴县人。康熙进士，曾任密云知县。长于经学，是吴派经学的导源人。其子惠士奇及孙惠栋，世传其学。著作有《诗说》、《砚谿诗文集》等。

⑥ 士奇：即惠士奇（1671—1741），清代经学家。字天牧，一字仲孺，晚号半农，人称"红豆先生"。江苏吴县人。传授其父惠周惕的学问，并搜集汉儒经说，征引古代史料，加以解释，方法比宋儒缜密，但较拘泥。著作有《易说》、《礼说》、《春秋说》等。

⑦ 惠栋（1697—1758），清代经学家，吴派经学的奠基人。字定宇，号松崖，江苏吴县人。传授其祖父惠周惕和父亲惠士奇的学问。搜集汉儒经说，加以编辑考订，以详博见长。撰《周易述》《易汉学》，专门宗法汉《易》。辨证伪《古文尚书》出于晋人。《九经古义》讨论古字古义。

经之暇，复补注《后汉书》，兼为《精华录》《感应篇》作注。博览众说，融会群言，所学与朱、杭相近；而九经古义，甄明佚诂，亦符臧氏之书。弟子余萧客，辑古经、解钩沉、网罗放失，掇次古谊，惟笃于信古，语鲜折中，无一词之赞。

若钱大昕①、王鸣盛②之流，虽标汉学之帜，然杂治史乘。钱作《廿二史考异》，并拟补辑《元史》；王亦作《十七史商榷》，采掇旧闻，稽析异同，近于撖拾校勘之学。惟大昕深于音韵、历算，学多心得，一洗雷同剿说之谈。鸣盛亦作《尚学后案》，排摘伪孔，扶翼马郑，裁成损益，征引博烦，惟胶执古训，守一家之言，而不能自出其性灵。江声③受业惠栋，作《尚书集注音疏》，其体例略同《后案》。王昶④亦以经学鸣，略涉藩篱，未窥堂奥，惟金石之学稍深。

若孙星衍⑤、洪亮吉⑥，咸以文士治经，学鲜根底，惟记诵渊雅。

---

① 钱大昕（1728—1804），清代学者。字晓徵，一字辛楣，号竹汀。江苏嘉定（今属上海）人。乾隆进士。在钟山、娄东、紫阳等书院讲学。治学范围较广，在音韵训诂方面多有创见。史学上长于校勘考订。著作有《廿二史考异》、《恒言录》等。

② 王鸣盛（1722—1797），清代史学家、经学家。字凤喈，一字礼堂。江苏嘉定（今属上海市）人。以汉学考证方法治史，所撰《十七史商榷》，为清代史学名著之一。撰有《蛾术编》，对中国古代制度、器物、文字、人物、碑刻、地理等均有考证。以汉儒为宗，研治《尚书》并撰写《尚书后案》。

③ 江声（1721—1799），清代经学家。字叔沄，号艮庭，江苏元和（今吴县）人。惠栋弟子。宗法汉儒说经，长于旁搜博引。好读《说文解字》，给人写书信，都用篆字。著作有《尚书集注音疏》、《六书说》、《论语质》、《恒星说》等。

④ 王昶（1725—1806），清代学者。字德甫，号述庵、兰泉。江苏青浦（今属上海市）人。乾隆进士。好金石之学，收罗商周铜器及历代石刻拓本一千多种，编为《金石萃编》一百六十卷。参与修撰《大清一统志》，《续三通》等书。擅长诗词古文。著作有《春融堂集》、《明词综》、《国朝词综》等。

⑤ 孙星衍（1753—1818），清代经学家。字渊如，江苏阳湖（今常州）人。治学较广，对经史、文字、音韵、诸子百家、金石碑版等都曾涉及。工篆隶，精校勘，擅诗文。著作有《尚书今古文注疏》、《周易集解》、《寰宇访碑录》等。

⑥ 洪亮吉（1746—1809），清代经学家和文学家。字君直，一字稚存，号北江，江苏阳湖（今常州）人。乾隆进士，授编修。长于经史、音韵、训诂及地理之学。论学之作颇多。在经济思想方面，他提出了人口繁殖与粮食产量增加存在着矛盾的问题。工于诗文，其骈文颇负时誉，少数作品对当时政治腐朽和社会危机有所暴露。著作有《春秋左传诂》、《洪北江全集》等。

星衍杂治诸子，精于校勘；亮吉旁治地舆，勤于摭拾。亮吉作《左传诂》；星衍作《尚书古今文注疏》，精校详释，皆有扶微掇①佚之功。

继起之儒，咸为群经作疏。《尔雅》疏于邵晋涵，《国语》疏于董增禄，《毛诗》疏于陈奂，《左传古注》辑于李贻德。大抵汇集古义，鲜下己见。义尚墨守，例不破注，遇有舛互，曲为弥缝，惟取精用弘，咸出旧疏之上。殆所谓述而不作，信而好古者欤？与摭拾校勘之学殊途同归。

而东南治校勘之学者，前有何焯②、齐召南③，后有卢文弨④、顾千里⑤、钱秦吉，虽别白精审，然执古改今，义多短绌。治摭拾之学者以臧庸⑥、洪颐煊⑦为最著。虽抱残守缺，然细大不捐，未能探悉其本义，或疲精殚思，以应富贵有力者之求，而资以糊口。斯时吴中学者有沈彤、褚寅亮、纽树玉，所著之书，咸短促不能具大体。越中学者有丁杰、孙志祖、梁履绳，以一得自矜，支离破碎，然咸有存古之功。

---

① 掇：拾取。

② 何焯（1661—1722），清初校勘家。字润干，号茶仙，学者称义门先生。长洲（今江苏吴县）人。藏书数万卷，大多为宋元旧刻，参稽互证，对其真伪是非，皆有题识。著有《义门读书记》等。

③ 齐召南（1703—1768），清代学者。字次风，号琼台。浙江天台人。参与修撰经史考证，负责分撰《礼记注疏考证》和《前汉书考证》等书。因长于地理，又参与修撰《大清一统志》，并参与制定《水道提纲》二十八卷。

④ 卢文弨（1717—1796），清代校勘学家。字绍弓，号抱经，浙江杭州人。历主江浙各书院，终身从事校勘工作。将自己校勘注释的经子诸书汇刻成《抱经堂丛书》。

⑤ 顾千里，即顾广圻（1770—1876），清代校勘学家。字千里，江苏元和（今吴县）人。精于校勘。黄丕烈、孙星衍、秦恩复、胡克家、张敦仁等人所刻书，都由他校勘，并写成札记。著作有《思适斋集》。

⑥ 臧庸（1767—1811），清经学家。本名镛堂，字在东，号拜经。臧琳的玄孙。江苏武进人。师事卢文弨，并从钱大昕、段玉裁等讨论学术。治学根据经传加以剖析，按照臧琳《经义杂记》的体例，撰成《拜经日记》，是诠释古书疑义、校勘误字音读的札记。

⑦ 洪颐煊（1765—1833），清代校勘家。字旌贤，号筠轩，临海人。孙星衍弟子。好藏书，善本书多为世所罕见。著作有《礼经宫室答问》、《孔子三朝记注》等。

若袁枚①、赵翼②之流，不习经典，惟寻章摘句，自诩淹通③，远出孙（孙星衍）、洪（洪吉亮）之下，此南学之又一派也。及惠（惠栋）、洪（洪吉亮）、顾（顾广圻）、赵（赵翼）友教扬州，而南学渐输于江北。

时皖南学者亦以经学鸣。于时皖南多山，失交通之益，与江南殊，故所学亦与江南迥异。先是宣城梅文鼎④精推步之学，著书百余万言，足裨治历明时之用；婺源汪绂兼治汉学、宋学，又作《物诠》一书，善于即物穷理，故士学益趋于实用。江永⑤崛起穷陬，深思独造于声律、音韵、历数、典礼之学，咸观其会通，长于比勘。弟子十余人，以休宁戴震⑥为最著。

戴氏之学，先立科条，以慎思明辨为归。凡治一学，立一说，必参互考验，曲证旁通，以辨物正名为基，以同条共贯为纬。论历算则淹贯中西，论音韵则精穷声纽，论地舆则考订山川；咸为前人所未

---

① 袁枚（1716—1798），清代诗人。字子才，号简斋、随园老人，浙江钱塘（今杭州）人。论诗主张抒写性情，对儒家诗教表示不满。部分诗篇对汉儒和程朱理学进行批判，宣称"六经尽糟粕"。著有《小仓山房集》、《随园诗话》、《子不语》等。

② 赵翼（1727—1814），清代史学家、文学家。字云崧，一字耘松，号瓯北，江苏阳湖（今常州）人。主持安定书院，专心著述。长于史学，考据精赅。论诗主张"独创"，反对模拟。部分诗作表现出嘲讽理学、不满时政的情绪。著有《廿二史札记》、《陔馀丛考》、《瓯北诗话》、《瓯北诗抄》等。

③ 淹通：博洽而通达。

④ 梅文鼎（1633—1721），清代天文学家、数学家。字定九，号勿庵，安徽宣城人。著书八十多种。在天文学上主要介绍《崇祯历书》和解释《大统历》。在数学上大多介绍当时流行的中国古代数学和西方算法，并有所补充和发展。其中《几何补编》四卷，有一定创见。

⑤ 江永（1681—1762），清代经学家、音韵学家。字慎修，婺源（今属江西）人。长于比勘，深究《三礼》。撰《周礼疑义举要》，对先秦名物加以考释。其中《考工记》二卷颇多创见。《礼书纲目》搜集散见于经传杂书中的古代礼乐制度。又精于音理，注重审音。其治学以考据见长，开皖派经学研究的风气。

⑥ 戴震（1723—1777），清代思想家、学者。字东原，安徽休宁人。求学于婺源江永。曾参加修订《四库全书》。博闻强记。对天文、数学、历史、地理均有较深研究。精通古音，立韵类正转旁转之例，创古音九类二十五部之说及阴、阳、入对转的理论。对经学、语言学有重要的贡献。尤精名物训诂，从训诂探讨古书义理。在哲学上也有一定创见。著作有《原善》、《声韵考》、《方言疏证》等。

发。而研求古籍，复能提要钩玄，心知其意。凡古学之湮没者，必发挥光大，使绝学复明；凡古义之钩棘者，必反复研寻，使疑文冰释；凡俗学之误民者，必排击防闲，使卮言①日绝。且辨彰名物，以类相求，则近于归纳；会通古说，匡违补缺，则异于拘墟②；辨名析词，以参为验，则殊于棱模；实事求是，以适用为归，则异于迂阔。而说经之书，简直明显，尤近汉儒。

戴氏既殁，皖南学者各得其性之所近。治数学者有汪莱③，治韵学者有洪榜，治"三礼"者有金榜、胡匡衷，以凌廷堪④、胡培翚⑤为最深。歙人程瑶田⑥亦深于"三礼"之学，作《考工创物小记》，磬折⑦古义，以证工学，必原数学，复作《水地小记》，多祖述上海徐氏之书，明于测量之法，而《释谷》《释虫》，尤足裨博物之用，可谓通儒之学矣。

戴氏弟子舍金坛段氏外，以扬州为最盛。高邮王氏⑧传其形声、

---

① 卮言：个人著作的代称。

② 拘墟：比喻见闻狭陋。

③ 汪莱（1768—1813），清代数学家、天文学家。字孝婴，号衡斋，安徽歙县人。精通算学、天文、经史、音律，曾入国史馆修纂《天文志》、《时宪志》。著有《衡斋算学》七册。与李锐、焦循齐名，人称"谈天三友"。在中国首次研究方程式根与系数关系，与李锐共同探讨，取得重要成果。他的"叁两算经"在中国首次系统探讨了非十进制算数；其"递兼数理"则第一次提出了组合的定义，讨论了组合的性质。

④ 凌廷堪（约1755—1809），清代经学家、音律学家。字次仲，安徽歙县人。仰慕江永、戴震之学，长于考辨，对中国古代礼制和乐律有所研究。著作有《礼经释例》、《燕乐考原》、《校礼堂文集》等书。

⑤ 胡培翚（1782—1849），清代经学家。字载屏，一字竹村，安徽绩溪人。传授祖父胡匡衷之学，长于《礼》，从事《仪礼正义》的撰述，积四十余年，未成而卒，后由其弟子续成。

⑥ 程瑶田（1725—1814），清代经学家。字易畴，歙州（今属安徽）人。江永弟子。好学深思，著述长于旁搜曲证，不拘泥于传注，常有创见。著作较多。

⑦ 磬折：弯腰如磬，表示恭敬。这里是忠实原文之义。

⑧ 王氏：指王念孙（1744—1832），清代音韵训诂学家。字怀祖，江苏高邮人。探究古书文义。从声音以通训诂，撰《广雅疏证》，搜罗汉魏以前古训，详加考证，以形、音、义互相推求。又撰《读书杂志》，校正文字，阐明古义，每有创见。所撰《古韵谱》对古韵分部亦有发明。

训故之学，兴化任氏①传其典章制度之学。王氏作《广雅疏证》，其子引之②申其义，作《经传释辞》《经义述闻》，发明词气之学。于古书文义，诎诘者各从条例明析辨章，无所凝滞，于汉魏故训多所窜更。任氏长于"三礼"，知全经浩博难馨，因依类稽求，博征其材，约守其例，以释名物之纠纷。所著《深衣释例》《释缯》诸篇，皆博综群书，衷以己意，咸与戴氏学派相符。

仪征阮氏③，友于王氏。任氏复从凌氏④、程氏⑤问故，得其师说。阮氏之学，主于表微，偶得一义，初若创获，然持之有故，言之成理，贯纂群言，昭若发蒙，异于饾饤猥琐之学。甘泉焦氏⑥与阮氏切磋，其论学之旨，谓不可以注为经，不可以疏为注，于近儒执一之弊，排斥尤严。所著《周易·通释》，掇刺卦爻之文，以字类相属，通以"六

---

①　任氏：指任大椿（1738—1789），清代江苏兴化人。曾担任《四库全书》纂修官。工于文辞与后汉经，长于《礼》，撰有《弁服释例》、《深衣释例》、《释缯》诸书，就古代礼制中的名物，搜集材料，加以综合。另有《字林考逸》等。

②　引之：指王引之（1766—1834），清代训诂学家。字伯申，号曼卿，江苏高邮人。嘉庆进士。继承其父王念孙有关音韵训诂的学问，世称高邮王氏父子。著作有《经传释词》、《经义述闻》等，是研究训诂的重要参考书。

③　阮氏：指阮元（1764—1849），清代学者。字伯元，号云台，江苏仪征人。曾在杭州创立诂经精舍，在广州创立学海堂，提倡朴学，罗致学者从事编书刊印工作，校刻《十三经注疏》等。又由经籍训诂，求证于古代吉金、石刻，并扩大到天文、历算、地理。其著作《畴人传》等可供研究我国历代天文学家、数学家生平和古文字学的资料。论文注重文笔之辨，以用韵对偶者为文，无韵散行者为笔，提倡骈偶，对桐城派"古文"有所不满。

④　凌氏：指凌廷堪。

⑤　程氏：指程瑶田。

⑥　焦氏：指焦循（1763—1820），清代哲学家、数学家和戏曲理论家。字理堂，一字里堂，江苏甘泉（今扬州）人。世传《易》学。与阮元齐名，阮元督学山东、浙江，俱招往游。博闻强记，于经、史、历、算、声韵、训诂之学都有研究。反对俗见，重视地方戏曲，加以考索。用数理解释《周易》，更由治《易》的方法通释诸经。其哲学体系也是建立在数学和《易》学的基础之上。认为万事万物的变化，都不外是"理之一"或"数之约"，"理"或"数"是先天存在的，是宇宙的根源。指出汉学家的考据，"其弊也琐"，主张"通核"之学。即不仅要"证之以实"，而且要提到义理上"运之以虚"。著作有《理堂学算记》、《易章句》、《易通释》、《孟子正义》等。

书""九数"之义。复作《易图略》《易诂》，发明大义，条理深密，虽立说间邻穿凿，然时出新说，秩然可观，亦戴学之嫡派也。

自阮氏以学古跻显位，风声所树，专门并兴，扬州以经学鸣者，凡七八家，是为江氏之再传。黄承吉研治小学，以声为纲，其精微之说，与高邮王氏相符。凌曙①治董子《春秋》、郑氏《礼》，以《礼》为标，缕析条分，亦与任氏之书相近。先曾祖孟瞻先生受经凌氏，与宝应刘宝楠②切劘至深。淮东有二刘之目，治《左氏春秋》，而宝应刘氏亦作《论语疏证》，并世治经者又五六家，是为江氏之三传。盖乾、嘉、道、咸之朝，扬州经学之盛，自苏、常外，东南郡邑莫之与京③焉，遂集北学之大成。

江淮以北，当康、雍之交，有山阳阎若璩④，灼见古书之伪，开惠、江、王、孙之先。别有济阳张尔岐⑤，作《仪礼郑注句读》，依经为训，章别句从。邹平马骕⑥作《左传事纬》绎史，博引古籍，惟考订多疏。

---

① 凌曙（1775—1829），清代江苏江都人。字晓楼，一字子升。入京为阮元校辑《经郛》，得见群书。以为《春秋》之义存于《公羊》，而《公羊》之学传自董仲舒，乃搜集旧说并吸取清代学者的研究成果，撰成《春秋公羊礼疏》、《春秋繁露注》等书。

② 刘宝楠（1791—1855），清代江苏宝应人。字楚桢，号念楼。初治《毛诗》和郑玄《礼》，后与刘文淇、柳兴恩、陈立等相约各治一经。他专治《论语》，详采各家之说，并吸取清代学者考订训释的成果，撰写《论语正义》，由其子刘恭冕续写而成。

③ 京：大的意思。

④ 阎若璩（1636—1740），清代经学家。字百诗，号潜丘，山西太原人，后迁居江苏淮安。曾与胡渭等帮助徐乾学撰修《大清一统志》。长于考据，撰成《古文尚书疏证》，确证东晋梅颐所献《古文尚书》为伪。又撰《四书释地》，校正前人关于古地名附会的错误。

⑤ 张尔岐（1612—1678），明清之际经学家。字稷若，号蒿庵，山东济阳人。隐居不仕。曾参加编撰《山东通志》，并与顾炎武订交。宗法程朱宋学，后治《仪礼》，撰成《仪礼郑注句读》、《周易说略》、《老子说略》、《蒿庵闲话》等著作。

⑥ 马骕（1621—1673），清初史学家。字宛斯，又字聪御，山东邹平人。顺治进士。一生研究先秦历史，有"马三代"之称。先后编次史料，著成《绎史》、《左传事纬》二书。

自是厥后，治算学者，有淄川薛凤祚，其精密略逊梅氏。治小学、金石学者有山阳吴玉缙、莱阳赵曾、偃师武亿，咸有发疑正读之功。曲阜孔氏①得戴氏之传，治《公羊春秋》，严于择别，于何氏《解诂》，时有微词，与株守之学不同。而曲阜桂氏②、栖霞郝氏③，咸守仪征阮氏之传，探究《尔雅》《说文》，解释物类，咸以得之目验者为凭。桂氏诠释许（慎）书，虽稍凝滞，而郝氏潜心雅学，注有《回穴》，辄为理董，与孔氏治《公羊春秋》相同。又大名崔述④长于考辨，订正古史，辨析精微，善于怀疑，而言皆有物，咸与江北学派相似。而齐鲁幽豫之间，遂为北学盛行之地矣。

要而论之，吴中学派，传播越中，于纬书咸加崇信；而北方学者，鲜信纬书。徽州学派，传播扬州，于礼学咸有专书；而南方学者，鲜精礼学。北人重经术而略文辞，南人饰文词以辅经术，此则南北学派之不同者也。

昔《隋书·儒林传》之论南北学也，谓"南人简约，得其菁英；

---

① 孔氏：即孔广森（1752—1786），清代经学家，音韵学家、数学家。字众仲，山东曲阜人。戴震弟子。官翰林院检讨。撰《春秋公羊通义》，不专主今文经学，采集汉、晋以来注释《春秋》之书，兼取《左传》、《穀梁传》，凡是经义"通于公羊"的，都予著录。所撰《诗声类》，分古韵为十八部，明确提出阴阳对转之说，主张东、冬分部，对古韵学有所发明。又善文学，工骈文，有《仪郑堂骈俪文》。另有《大戴礼记补注》、《经学卮言》、《少广正负术》等著作。

② 桂氏：即桂馥（1736—1805），清代文字训诂学家。字冬卉，号未谷，山东曲阜人。乾隆进士。研究语言文字之学，取《说文解字》与古代诸经典文义相参校，撰《说文义证》五十卷，又撰有《缪篆分韵》、《札朴》等。

③ 郝氏：即郝懿行（1755—1823），清代经学家、训诂学家，字恂九，号兰皋，山东栖霞人。嘉庆进士。长于名物训诂考据之学，于《尔雅》用力最久，撰《尔雅义疏》、《山海经笺疏》，援引各书，考释名物，订正讹谬。另有《易说》、《书说》、《郑氏礼记笺》、《春秋说略》、《竹书记年校正》等书。

④ 崔述（1740—1816），清代学者。字武承，号东壁，直隶大名（今属河北）人。乾隆举人。三十岁后，认为群经的传记注疏往往与经文有异，于是由怀疑而辨伪、考信，考辨先秦古事，一切取信于经，对战国以下的书，都以为不可尽信。遂以治经而专攻古史，对近代史学界怀疑古书古事的风气，颇有影响。所著书以《考信录》为主，包括《三代考信录》、《丰镐考信录》、《洙泗考信录》等。

北人深芜，穷其枝叶"。今观于近儒之学派，则吴越之儒，功在考古，精于校雠，以博闻为主，乃"深芜"而"穷其枝叶"者也；徽扬之儒，功在知新，精于考核，以穷理为归，乃"简约"而"得其菁英"者也。南北学派，与昔迥殊，此固彰彰可考者矣！

自是以后，江北皖南，虽多缀学方闻①之彦，然精华既竭，泄发无余，鲜深训玄解，未能竞胜前儒。江淮以北，治小学者有安丘王筠、河间苗夔、日照许瀚、商城杨铎，治地学者有大兴徐松、平定张穆。咸沉潜笃实，所著之书亦大抵条举贯系，剖析毫芒；惟朴塞塞冗，质略无文。江南学者，仍守摭拾、校勘之学。揭《说文》以为标，攘袂掉臂以为说经之正宗，然违于别择，昧厥源流，务于物名，详于器械，考于诂训，摘其章句，不能统其大义之所极。虽依傍门户，有搜亡补佚之功；然辗转稗贩②，语无归宿，甚至轻易古书，因讹袭谬，而颠倒减省，离析合并，一凭臆断；且累言数百，易蹈辞费之讥，碎细卑狭，文采黯然。

承学之士，渐事鄙夷，由是有常州今文之学。先是，常州之地有孙③、黄④、赵⑤诸子，工于诗词骈骊之文。而李兆洛、张琦⑥复侈言经世之术，又虑择术之不高也，乃杂治西汉今文学，以与惠（惠栋）、戴（戴震）竞长。武进庄存与⑦，喜治《公羊春秋》，作《春秋正辞》，于六艺咸有撰述。大抵依经立谊，旁推交通，间引史事，说经

---

① 方闻：有道而博闻。

② 稗贩：不设店肆的小商贩。

③ 孙：指孙洪。

④ 黄：指黄仲则。

⑤ 赵：指赵辛味。

⑥ 张琦（1764—1833），清代学者、词人。字翰风，江苏阳湖（今武进）人。嘉庆举人。常州派词人。亦精通医学。著作有《立山词》、《战国策释地》、《素问释义》等。

⑦ 庄存与（1719—1788），清代经学家，常州学派的开创者。字方耕，号养恬，江苏常州人。提倡今文经学，发挥《公羊传》，宣扬《春秋》中的"微言大义"，所撰《春秋正辞》，可说是常州学派的第一部著作。同时，也不绝对排斥古文经学，另有《周官记》、《周官说》、《毛诗说》等关于古文经传的书。所撰各书，后人汇为《味经斋遗书》。

一洗章句训诂之习。深美闳约，雅近淮南，则工于立言；重言申明，引古匡今，则近于致用。故常州学者咸便①之。然存与杂治古文，不执守今文之说。其兄子庄述祖亦遍治群经，发明夏时归藏之义，以为《说文》始一终亥，即古归藏为六书条例所从出，复杂引古籀遗文，分别部居，以蔓衍炫俗。故常州学者，说经必宗西汉，解字必宗籀文，摧拉旧说，以微言大义相矜。

庄氏之甥有武进刘逢禄②、长州宋翔凤③，咸传庄氏之学。刘氏作《公羊何氏释例》，腮理④完密，又推原《左氏穀梁》之得失，难郑申何，复作《论语述何》《夏时经传》，笺《中庸》，崇《礼论》，议礼决狱，皆比附公羊之义，由董生春秋以窥六经家法。又谓《虞易》⑤罕通大义，《毛诗》颇略微言，马郑注书颇多讹谬，《左传》别行，不传《春秋》，别作《纬略》一书，稍邻恢诡宋氏之学，与何氏略同。作《拟汉博士答刘歆书》，又作《汉学今文古文考》，谓《毛诗》、《周官》、《左氏传》咸非西汉博士所传，而杜、贾、马、郑、许、服诸儒皆治古文，与博士师承迥别，而今文古文之派别，至此大明。又以《公羊》义说群经，以古籀证群籍，以为微言之存，非一事可该，大义所著，非一端足竟。会通众家，自辟蹊径，且崇信谶纬，兼治子

---

① 便：熟习。

② 刘逢禄（1776—1829），清代经学家，常州学派的奠基人。字申受，江苏常州人。官礼部主事。少时即跟随外祖父庄存与和舅舅庄述祖学习，治《春秋公羊传》，专主董仲舒、何休、李育的学说，撰成《春秋公羊经何氏释例》、《春秋公羊经何氏解诂笺》，以何休《公羊解诂》为主，创通条例，发挥今文"微言"。在《左氏春秋考证》一书中，排斥《左传》，攻击古文经学派的开创者刘歆，对康有为《新学伪经考》有影响。另有《论语述何》、《刘礼部集》等著作。

③ 宋翔凤（1779—1860），清代经学家。字于庭，江苏长洲（今吴县）人。庄存与的外孙。治西汉今文经学，是常州学派的代表人物之一。撰《论语说义》，以为《论语》系孔子言性与天道的"微言"所在，喜附会，牵合阴阳，以言"圣王大义"，著有《过庭录》，系其读书笔记，对古代史料详加考证。其撰著编入《浮溪精舍丛书》。

④ 腮理：条理结构。

⑤ 《虞易》指三国时经学家虞翻所撰《易注》九卷。已散失。

书，发为绵渺之文，以虚声相煽，东南文士多便之。

别有邵阳魏源①、仁和龚自珍②，皆私淑庄氏之学，从刘逢禄问故源，作《两汉经师今古文家法》，考其大旨，与宋氏同。谓西汉微言大义之学，隳于东京，且排斥许郑，并作《董子春秋发微》，复有《诗·古微说》，书宗《史记》《大传》，上溯西汉今文家言，以马、郑之学出于杜林《漆书》，并疑《漆书》为伪作，虽排击马、郑，亦时有善言。说诗恪宗三家，特斥《毛诗》，然择术至淆，以穿穴擅长，凌杂无序，易蹈截趾适履之讥。

邹汉勋与源同里治经，亦时出新义。湘潭王闿运③亦治《公羊春秋》，复以《公羊》义说五经，长于《诗》、《书》，绌于《易》、《礼》。其弟子以资州廖平④最著；亦著书数十种，其学输入岭南，而

---

① 魏源（1794—1857），清代思想家、文学家。字默深，湖南邵阳人。曾从刘逢禄学《公羊春秋》，和龚自珍同属今文学派，主张"通经致用"。强调"及之而后知"，说"知"是从"行"中来的，坚持"以实事程实功，以实功程实事"的原则，抨击理学家的"心性迂谈"。著作有《海国图志》、《古微堂集》、《元史新编》、《老子本义》、《诗古微》等。

② 龚自珍（1792—1841），清代思想家和文学家。字尔玉（伯定），号定庵（定盦），一名巩祚，浙江仁和（今杭州）人。道光进士。学务博览。在经学上，他是嘉道间提倡"通经致用"的今文经学派的重要人物。在哲学上，主张"性无善无不善"之说，反对孟子的"性善"论和荀子的"性恶"论。认为"自古及今，法无不改，势无不积，事例无不变迁，风气无不移易"，强调万事万物处于变化之中。晚年受佛教的影响颇大。所作诗文，极力提倡"更法"、"改图"，揭露清王朝的腐朽统治，洋溢着爱国热情。诗歌瑰丽奇肆，散文奥博纵横，自成一家。有《龚自珍全集》。

③ 王闿运（1833—1916），近代学者，文学家。字壬秋，湖南湘潭人。咸丰举人。讲学四川、湖南、江西等地。清末授翰林院检讨。辛亥革命后任清史馆长。经学治《诗》、《礼》、《春秋》，宗法《公羊》。诗文主要模拟汉魏六朝，为晚清拟古派所推崇。著作有《湘绮楼全集》。

④ 廖平（1852—1932），近代经学家。字季平，四川井研人。曾任尊经书院，四川国学院教职。早年受王闿运影响，专治今文。从《五经异义》入手，主张分析今文古文。其学多变，共经六变。初持古文为周公所创，今文为孔子所创之说，继而主张今文是孔子的真学，古文是刘歆的伪品。撰有《今古学考》、《古学考》、《知圣篇》、《辟刘篇》，康有为《新学伪经考》受其影响。戊戌政变后，又说今文是小统，古文是大统，自相矛盾。后来又讲"天人""人学""王学"，牵强附会，愈变愈离奇，反映了今文经学的没落。撰有《四益馆经学丛书》，后又增益为《六译馆丛书》。

今文学派大昌。此一派也。

自珍亦治《公羊》，笃信张三世之例，作《五经大义终始论》，杂引《洪范·礼运》《周诗》，咸通以三世之义。说诗颇信魏说，非毛非郑，并斥序文。又喜治《尚书》，作《太誓答问》，以今文《太誓》为伪书，虽解说乖违，然博辩不穷，济以才藻，殊足名家。而《左传》《周官》，亦以己意抉真为伪。其子龚澄，复重订《诗经》，排黜书序，并改订各字书，尤点窜无伦绪。

仁和邵懿辰①初治桐城古文，继作《礼经通论》，以《礼经》十七篇为完书，以"佚礼"为伪作。又作《尚书大意》，以马、郑所传逸书为伪撰，转信伪古文为真书，可谓颠倒是非者矣。

惟德清戴望受业宋氏之门，祖述刘、宋二家之意，以《公羊》证《论语》，作《论语注》二十卷，欲以《论语》统群经，精诣深造，与不纯师法者不同，此别一派也。

当此之时，江北学者亦见异思迁。泾县包慎言作《公羊历谱》，又以《中庸》为《春秋》纲领，欲以《公羊义疏》证《中庸》，未有成书。宝应刘恭冕②初治《论语》，作《何休注论语述》，掇刺解诂，引《论语》者以解释《公羊》，复作《春秋说》一书，亦颇信三科之义。丹徒庄棫作《大圆通义》，组合《周易》《公羊》之义，汇为一编，体例略师《繁露》，自矜通悟，然诞妄愚诬，于说经之书为最劣，拾常州学派之唾余，以趋时俗之好尚。此南方学派输入江北者也。

而江北之学亦有输入南方者：一曰闽中学派，一曰浙中学派。闽

---

① 邵懿辰（1810—1861），清代经学家和目录学家。字位西，浙江仁和（今杭州）人。曾任刑部员外郎。撰《礼经通论》，以为《仪礼》十七篇并无残缺，《乐》本无经，《乐》即包括在《诗》、《礼》之中，所编《四库简明目录标注》是研究中国目录版本学的参考书。另有《尚书传授同异考》等著作。

② 刘恭冕：即刘宝楠之子。

中士学疏陋。自陈寿祺①得阮氏之传，殚深《三礼》，疏证《五经》异义，条畅朴纯。里人陈金城、陈庆镛、王捷南传其学。后起之士有林鉴堂、刘端。端于礼学为尤精，是为闽中之正传。

浙中自阮氏提倡，后有临海金鹗作《求古斋礼说》，其精审亚于江、戴。定海黄式三遍治群经，作《论语后案》，其子以周②亦作《经训比义》，虽时杂宋儒之说，然解释义理多与戴、阮相符。以周又作《礼书通故》，集"三礼"之大成。

瑞安孙诒让③深于训诂典章之学，作《周官正义》，亦集《周官》学之大成。别有德清俞樾④，以小学为纲，疏理群籍，恪宗高邮二王⑤之学，援顺经文之词气，曲为理绎，喜更《易传》注，间以臆见改本经精者，略与王氏符。虽说多凿空，然言必有验，迥异浮谈，即钱唐诸可宝、黄岩、王芬菜、解经，亦宗古训，不惑于今文流言，是为浙学之别派。此皆江北学派输入南方者也。

---

① 陈寿祺（1771—1834），清代福建侯官（今闽侯）人。字恭甫，号左海。曾任翰林院编修，历典广东、河南乡试，后在浙江诂经精舍讲学，初治宋明理学，后专治汉学。以为两汉经师，莫先于伏生，莫备于许慎、郑玄，乃搜集汉儒旧说，辑为《尚书大传定本》。所撰《今文尚书经说考》和《鲁齐韩三家诗遗说考》未终稿，由其子乔枞续成。另有《五经异义疏证》、《左海经辨》、《左海文集》等。

② 以周：即黄以周（1828—1899），清代经学家。字元同，浙江定海人。采集汉唐至清关于礼制的解说，撰《礼书通故》一百卷，考释中国古代礼制、学制、封国、职官、田赋、乐律、刑法、名物、占卜等，纠正一些旧注的谬说。

③ 孙诒让（1848—1908），清代经学家、文字学家。字仲容，浙江瑞安人。总结旧说，撰《周官正义》，是解释《周礼》较完备的书。又有《墨子间诂》，对此后先秦诸子研究风气的开展，较有影响。对甲骨文和金文等古文字有很深研究。著作颇丰，其中《契文举例》为考释甲骨文最早的著作。

④ 俞樾（1821—1907），清代学者。字荫甫，号曲园，浙江德清人。道光进士。任翰林院编修，河南学政，晚年讲学杭州诂经精舍。治经、子、小学，宗法王念孙父子，大要在正句读，审字义，通古文假借，并分析其特殊语文现象，撰有《群经平议》、《诸子平议》、《古书疑义举例》等。能诗词。重视小说戏曲，强调其教化作用。所作笔记，搜罗甚富，包含有学术史、文学史的资料。所撰各书，总称《春在堂全书》，共二百五十卷。

⑤ 二王：即王念孙、王引之父子。

　　然岭南黔中，仍沿摭拾校勘之学。岭南之士，列阮氏门籍者，虽有侯康、曾钊、林伯桐，然以番禺陈沣①为最著。沣学钩通汉宋，以为汉儒不废义理，宋儒兼精考证，惟掇引类似之言，曲加附合，究其意旨，仍与摭拾之学相同。然抉择至精，便于学童。若桂林龙翰臣、朱琦，南海朱次琦，咸学兼汉宋，与沣差同。而陈沣、朱次琦，各以其学授乡里，弟子咸数十人，至今未绝。此岭南学派之大略也。

　　黔中之学，始于遵义。郑珍②校定汉简诸书，复作《说文新附考》、《说文逸字》，长于校勘，亦兼治仪礼。其子小尹亦长小学。独山莫犹人精六书形声之学，其子友芝善鉴别宋本古籍，作《唐说文木部笺异》，以考二徐未改之书，章疏句栉，有补掇之功。遵义黎庶昌③近承郑氏、莫氏之学，曾乘轺日本搜讨秘籍，刻古佚丛书，使亡书复显。此黔中学派之大略也。

　　要而论之，南方学派析为三：炫博骋词者为一派，摭拾校勘者为一派，昌微言大义者为一派。北方学派析为二：辨物正名者为一派，格物穷理者为一派。虽学术交通，北学或由北而输南，南学亦由南而输北，然学派起源，夫固彰彰可证者也。黄（宗羲）、惠（栋）、江（永）、庄（存与）谓"非儒术之导师欤"？且南北学派虽殊，然研

---

　　① 陈沣（1810—1882），清代学者、文学家。字兰甫，号东塾，广东番禺人。道光举人。为广州学海堂长数十年，晚年又主讲菊坡精舍，从学者甚众。治经不为汉宋门户所限，广涉天文、地理、乐律、音韵、算术等学。能诗词和骈散文。著作较多，有《东塾读书记》、《声律通考》、《切韵考》、《汉书水道图说》、《东塾记》、《忆江南馆词》等。

　　② 郑珍（1806—1864），清代诗人。字子尹，晚号柴翁，贵州遵义人。道光举人。治经学、小学，为晚清宋诗派作家。其诗对农民起义军颇多诋毁，也有不少暴露时政之作，风格奇崛，时伤艰涩，著作有《仪礼私笺》、《说文逸字》、《说文新附考》、《巢经巢集》等。

　　③ 黎庶昌（1837—1897），清末贵州遵义人，字莼斋。初从学于郑珍，后为曾国藩僚属。与张裕钊、吴汝纶、薛福成称"曾门四弟子"。历任驻英法德日四国参赞，又为出使日本大臣。论文推衍曾国藩之说，尊崇桐城派古文，著有《拙尊园丛稿》，编有《续古文辞类纂》，又辑刻我国已佚古籍之庋藏于日本《古逸丛书》。

覃①古训，咸为有功于群经。此近儒考据之精所由，非汉魏以下所能及也，岂不盛哉！

南北文学不同论

夫声律之始，本乎声音，发喉引声，和言中宫，危言中商，疾言中角，微言中徵、羽。商角响亮，宫羽声下。高下既区，清浊旋别，善夫！

《吕览》之溯声音也，谓涂山②歌于候人，始为南音；有娀谣乎飞燕，始为北声。则南声之始，起于淮汉之间；北声之始，起于河渭之间。故神州语言，虽随境而区，而考厥指归，则析分南北二种。陆法言③有言："吴楚之音，时伤清浅；燕赵之音，多伤重浊。"此则言分南北之确证也。声能成章者谓之言，言之成章者谓之文。古代音分南北。河济之间古称中夏，故北音谓之夏声，又谓之雅言；江汉之间古称荆楚，故南音谓之楚声，或斥为南蛮缺舌。荀子有言："君子居楚而楚，居夏而夏。"夏为北音，楚为南音。音分南北，此为明征。

声音既殊，故南方之文亦与北方迥别。大抵北方之地，土厚水深，民生其间，多尚实际；南方之地，水势浩洋，民生其际，多尚虚无。民崇实际，故所著之文不外记事、析理二端；民尚虚无，故所作之文或为言志、抒情之体。中国古籍以六艺为最先。而《尚书》、《春秋》记动、记言，谨严简直；《礼》、《乐》二经，例严辞约，平易不诬；记事之文，此其嚆矢。《大易》一书，索远钩深，精义曲隐；析

---

① 覃：深思。

② 涂山：相传为夏禹同涂山氏相聚及与诸侯相会的地方。地址一般认为在安徽蚌埠市西淮河东岸，又名当涂山。与荆山隔淮水相对。相传本是一山，禹凿为二山以通淮水。也有人认为在今浙江绍兴西北。

③ 陆法言：隋代音韵学家。名词（一说名慈），以字行，临漳（今属河北）人。与刘臻、萧该、颜之推等讨论音韵，评议古今是非、南北通塞，编成《切韵》。自《切韵》出，六朝诸家韵书渐亡，唐宋韵书多以此为蓝本。

理之作，此其权舆①。若夫兵、农标目，医、历垂书，炎黄以降，著述浩繁；然绳以著书之律，则记事、析理实兼二长。此皆古代北方之文也。

惟《诗篇》三百，则区判北南。《雅》、《颂》之诗，起于岐丰，而《国风》十五，太师所采，亦得之河济之间。故讽咏遗篇，大抵治世之诗，从容揄扬②；衰世之诗，悲哀刚劲。记事之什，雅近典谟；北方之文，莫之或先矣。惟周、召之地，在南阳、南郡之间。故"二南"之诗，感物兴怀，引辞表旨，譬物连类。比兴二体，厥制益繁，构造虚词，不标实迹，与"二雅"迥殊。至于"哀窈窕而思贤才"，"咏汉广与思游女"，屈宋之作，于此起源。《鼓钟篇》曰"以雅以南"，非诗分南北之证欤？

春秋以降，诸子并兴。然荀卿、吕不韦之书，最为平实，刚志决理，輐断③以为纪，其原出于古《礼经》，则秦赵之文也。故河北、关西，无复纵横之士。韩、魏、陈、宋，地界南北之间，故苏（秦）张（仪）之横放，韩非之宕跌，起于其间。惟荆楚之地，僻处南方，故老子之书，其说杳冥而深远。及庄、列之徒承之，其旨远，其义隐，其为文也纵；而后反寓实于虚，肆以荒唐谲怪之词，渊乎其有思，茫乎其不可测矣。屈平之文，音涉哀思，矢耿介，慕灵修，芳草美人，托词喻志，志洁行芳，符于二南之比兴；而叙事、纪游，遗尘超物，荒唐谲怪，复与庄、列相同。南方之文，此其选矣。

又纵横之文亦起于南。故士生其间，喜腾口说，甚至操两可之说，高无穷之词，以诡辩相高。故南方墨者，以坚白异同之论相訾④，虽其学失传，然浅察以炫词，纤巧以弄思，习为背实击虚之法，与庄列屈宋之荒唐谲怪者，殆亦殊途同归乎！观班固之志《艺文》也，分

① 权舆：草木萌芽状态，引申为事物的起源和初始状态。
② 揄扬：宣扬，发扬。
③ 輐断：没有棱角的样子。
④ 訾：说别人坏话。

析诗赋，屈原赋以下二十五家为一种，陆贾①赋以下二十一家为一种，荀卿赋以下二十五家为一种，盖屈原、陆贾，籍隶荆南，所作之赋，一主抒情，一主骋辞，皆为南人之作。荀卿生长赵土，所作之赋偏于析理，则为北方之文。兰台②史册固可按也。

西汉之时，文人辈出。贾谊之文，刚健笃实，出于韩非；晁错之文，辨析疏通，出于《吕览》。而董仲舒、刘向之文，咸平敞通洞，章约句制，出于荀卿。盖北方之文实分三体：或熔式经诰，褒德显容，其源出于《雅颂》，赞之体本之；或探事献说，重言申明，其源出于《尚书》，书疏之体本之；或文朴语饰，不断而节，其源出于《礼经》，古赋之体本之。又《淮南》之旨虽近庄列，然衡其文体，仍在荀、吕之间，亦非南方之文也。若夫史迁之作，排戛③雄奇，书为记事，文则骋词；而枚乘④、司马相如，咸以词赋垂名，然恢廓声势，开拓突宦⑤，殆纵横之流欤？至于写物赋意，触兴致情，则导源楚骚，语多虚设。子云⑥继作，亦兼二长，例以文体，远北近南。

东京文士，彪炳史编。然章奏书牍之文，咸通畅明达，虽属词枝繁，然铨贯有序。论辩之文亦然。若词赋一体，则孟坚⑦之作，虽近

———

① 陆贾（约前240至前170），汉初政论家、辞赋家。楚人，从汉高祖定天下，常使诸侯为说客。曾官至太中大夫。向汉高祖提出："居马上得之，宁可以马上治之乎？"意即武力可以夺取政权，却不能单靠它来维持政权。力主提倡儒学，"行仁义，法先圣"，并辅以黄老的"无为而治"思想，作为巩固地主阶级政权的工具。他说："夫道莫大于无为"，"故无为也，乃无不为也"。对汉初政治曾发生影响。著作有《新语》。

② 兰台：汉代宫内藏书之处，以御史中丞掌之，后世因称御史台为兰台。

③ 排戛：矫健的样子。

④ 枚乘（？至前140），西汉辞赋家。字叔，淮阴（今属江苏）人。初为吴王濞郎中，濞欲反，乘上书劝阻，不听，遂去，为梁孝王客。吴楚七国谋反时，再上书劝濞罢兵，又不听。武帝即位后，以安车蒲轮征入京，死在途中。有赋九篇，今存三篇，其中《七发》对汉赋特点的形成有重要影响。原有集，已散佚。近人辑有《枚叔集》。

⑤ 突宦：结构深邃的样子。

⑥ 子云：扬雄的字。

⑦ 孟坚：班固的字。

扬、马，然征材聚事，取精用弘，《吕览》类辑之义也。蔡邕①之作，似之平子②之作，杰格拮搦，俶诡③可观，荀卿《成相》之遗作也，王延寿④之作似之。即有自成一家言者，亦辞直义畅，雅懿深醇。盖东汉文人咸生北土，且当此之时，士崇儒术，纵横之学屏绝不观，骚经之文治者亦鲜。故所作之文，偏于记事析理；而骋辞抒情之作，嗣响无人。惟王逸⑤之文，取法骚经，而应劭⑥、王充，南方之彦，故《风俗通》、《论衡》二书，近于诡辩，殆南方墨者之支派欤？于两汉之文，别为一体。盖三代之时，文与语分，排偶为文，直言为语。东汉北方之文，词多骈俪，句严语重，乃古代之文也。南方之文，多属单行，语词浅显，乃古代之语也。

　　建安之初，诗尚五言。七子⑦之作，虽多酬酢之章，然慷慨任气，磊落使才，造怀指事，不求纤密，隐义蓄含，余味曲包，而悲哀刚劲，洵乎北土之音。魏晋之际，文体变迁。而北方之士，侈效南文。曹植词赋，涂泽律切，忧远思深，其旨开于宋玉；及其弊也，则采摘艳辞，纤冶伤雅。嵇、阮诗歌，飘忽峻侠，言无端涯，其旨开于庄

---

　　①　蔡邕（133—192），东汉文学家，书法家。字伯喈，陈留圉（今河南杞县）人。通经史、音律、天文。散文长于碑记，工整典雅，多用偶句，旧时多受推重。又善词赋。工篆、隶，尤以隶书著称，结构严整，点画俯仰，体法多变，有"骨气洞达，爽爽有神"之评。也能画。有《蔡中郎集》，已佚。

　　②　平子：指贾谊。

　　③　俶诡：奇异。

　　④　王延寿，东汉辞赋家，字文考，一字子山，南郡宜城（今属湖北）人。王逸之子。少游山东曲阜，后渡湘水溺死，年仅二十余岁。作品有《鲁灵光殿赋》，为蔡邕所称道。

　　⑤　王逸，东汉文学家。字叔师，南郡宜城（今属湖北）人。安帝时为校书郎，顺帝时官寺中。所作《楚辞章句》，是《楚辞》最早的完整注本，颇为后世学者所重视。作有赋、诔、书、论等二十一篇，又作《汉诗》百二十三篇，今多亡佚。为哀悼屈原而作的《九思》，存于《楚辞章句》中。原有集，已散佚，明人辑有《王叔师集》。

　　⑥　应劭（约153—196），东汉汝南南顿（今河南项城西南）人，字仲远。献帝时，任泰山太守，著有《汉官仪》十卷，《风俗通义》三十卷及《汉书集解音义》。

　　⑦　七子：建安时期的七位作家：孔融、陈琳、王粲、徐干、阮瑀、应场、刘桢。

周；及其弊也，则宅心虚阔，失所旨归。左思诗赋，广博沉雄，慷慨卓越，其旨开于苏（秦）张（仪）；及其弊也，则浮嚣粗犷，昧厥修辞。北方文体，至此始淆。又建安以还，文崇偶体。西晋以降，由简趋繁。晋初之文，羲元尚存，雕几未及。如杜预、荀勖①、傅玄，咸吐词简直；若张华、潘岳、挚虞②，始渐尚铺张。三张③、二陆④，文虽遒劲，亦稍入轻绮矣。诗歌亦然。故力柔于建安，句工于正始。此亦文体由北趋南之渐也。

江左诗文，溺于玄风；辞谢雕采，旨寄玄虚，以平淡之词，寓精微之理。故孙（绰）许（询）⑤、二王⑥，语咸为平典，由稽（康）、阮（籍）而上溯庄周。此南文之别一派也。惟刘琨之作，善为凄戾之音，而出以清刚；郭璞之作，佐以彪炳之词，而出以挺拔。北方之文赖以不堕。晋宋以降，文体复更。渊明之诗，仍沿晋派。至若慧业文人，咸崇文藻，镌雕云风，模范山水。自颜（延之）、谢（灵运）诗文，舍奇用偶，鬼斧默运，奇情毕呈，句争一字之奇，文采片言之贵，情必极貌以写物，辞必穷力以追新。齐梁以降，益尚艳辞，以情为里，以物为表。赋始于谢庄⑦，诗昉⑧于梁武。阴（铿）、何（逊）、

---

① 荀勖（？—289），晋代律学家，字公曾，颍阴（今河南许昌）人。初仕魏。入晋后领秘书监，进光禄大夫，掌管乐事，官终尚书令。他考定律吕，在其所制十二笛中，实际上已应用"管口校正法"。

② 挚虞（250—300），西晋文学家，字仲治，长安人，皇甫谧弟子。武帝泰始中兴贤良，累官至太常卿，后遇洛阳荒乱，饿死。撰有《三辅决录注》，又分类编集古代文章，名《文章流别集》，并撰《文章流别志论》，仅存佚文。

③ 三张：西晋三位作家张载、张协、张亢。

④ 二陆：西晋作家陆机、陆云。

⑤ 孙许：指晋代玄言诗的代表作家孙绰和许询。

⑥ 二王：王羲之和王献之。

⑦ 谢庄（421—466），南朝宋文学家。字希逸，陈郡阳夏（今河南太康）人。曾任吏部尚书。明帝时官金紫光禄大夫。要求收复北方，反对与北魏议和；又主张不限门户，广泛任用人才。能文章，善诗赋。所作《怀园引》，抒写其怀念中原地区、欲归不得的悲愁，寄寓着对于元嘉北伐失败的哀痛。《月赋》亦很有名。原有集，已散佚。

⑧ 昉：曙光初现，引申开始。

吴（均）、柳（恽），厥制益工。研炼则隐师颜、谢，妍丽则近则齐梁。子山①继作，掩抑沉怨，出以哀艳之词，由曹植而上师宋玉。此又南文之一派也。鲍照诗文，义尚光大，工于骋势，然语乏清刚，哀而不壮，大抵由左思而上效苏（秦）张（仪），此亦南人之一派也。梁陈以降，文体日靡。

　　惟北朝文人，舍文尚质。崔浩②、高允③之文，咸硗确自雄。温子升④长于碑版，叙事简直，得张、蔡之遗规。卢思道⑤长于歌词，发音

---

　　①　子山：即庾信（513—581），北周文学家。字子山，南阳新野（今属河南）人。庾肩吾之子。初仕梁，后出使西魏，值西魏灭梁，被留。历仕西魏、北周，官至骠骑大将军、开府仪同三司，世称庾开府。善诗赋、骈文。在梁时作品绮艳轻靡，与徐陵皆为当时宫廷文学的代表，时称"徐庾体"。暮年所作，在内容上有明显的变化，如《拟咏怀》诗及《哀江南赋》、《枯树赋》等，感伤遭遇，并对当时社会动乱有所反映，风格也转为萧瑟苍凉，为杜甫所推崇；但时有雕琢和用典太多之病。原有集，已散佚，后人辑有《庾子山集》。

　　②　崔浩（381—450），北魏清河东武城（今山东武城西）人。字伯渊，官至司徒，明元帝时参与军国重事。太武帝灭赫连昌，击败柔然，取北凉，他都参与策划。长于天文历学，制定五寅元历。崔氏为北方士族之首，他对北方士族人物，多所荐拔，又汲引寇谦之，助道抑佛；并主张辨别姓族门第，甚至企图恢复五等封爵制，以发展士族大地主势力，与北魏统治者发生矛盾。后以修史暴露"国恶"的罪名被灭族。其宗族亦遭灭门之祸。

　　③　高允（390—487），北魏渤海（今河北景县）人。字伯恭。初被征为中书博士，迁侍郎，授太子经书，曾与崔浩同修国史，后浩以国史案被杀，他以太子营救得免。文成帝时，位至中书令。文明太后临朝，引他参决大政，前后经历五帝，历任要职，达五十余年。

　　④　温子升（495—547），北魏文学家，字鹏举，济阴冤句（今山东菏泽西南）人。曾任侍读兼舍人。东魏末年，高澄引为谘议参军。后元仅等作乱，高澄疑子升同谋，下狱死。能诗文，在当时北方文人中颇有名望，但作品流传下来的较少。原有集，已散佚。

　　⑤　卢思道（535—586），隋诗人。字子行，范阳（治今河北涿州）人。少时从邢劭学。曾仕北齐为给事黄门侍郎。北周时授仪同三司，后为武阳太守。隋初官至散骑侍郎。其诗多数作于北齐时，注重用典，多游宴酬赠和抒写襟怀之作。原有集，已散佚，明人辑有《卢武阳集》。

刚劲，嗣建安之佚响。子才①、伯起②，亦工记事之文。岂非北方文体，固与南方文体不同哉？自子山总持身旅北方，而南方轻绮之文，渐为北人所崇尚。又初明③、子渊④身居北土，耻操南音，诗歌劲直，习为北鄙之声。而六朝文体，亦自是而稍更矣。

隋炀诗文，远宗潘、陆，一洗浮荡之言。惟隶事研词，尚近南方之体。杨（素）、薛（道衡）之作，间符隋炀，吐音近北，撷藻师南。故隋唐文体，力刚于颜、谢，采缛于潘、张，折中南体北体之间，而别成一派。

唐初诗文与隋代同。制句切响，言务纤密，虽雅法六朝，然卑靡之音，于焉尽革。四杰⑤继兴，文体亦恢，诗音益谐。自是以降，虽文有工拙，然俳四俪六，益趋浅弱。惟李、杜古赋，词句质素；张、陆奏章，析理通明。唐代文人，瞠乎后矣。昌黎崛起北陲，易偶为奇，语重句奇，闳中肆外，其魄力之雄，直追秦汉；虽模拟之习未除，然起衰之功不可没也。习之⑥、持正⑦、亚之⑧，咸奉韩文

---

① 子才：指邢劭（496—?），北朝魏齐时的无神论者，文学家。字子才，河间（今河北任丘北）人。北齐官中书监，摄国子酒，授特进。坚持"神之在人，犹光之在烛，烛尽则光穷，人死则神灭"的见解。博学能文，与温子升齐名，时称"温邢"。又与魏收并称"邢魏"，原有集，已散佚。

② 伯起：指魏收（506—572），北齐史学家，字伯起，巨鹿下曲阳（今河北晋县西）人。北魏时任散骑常侍，编修国史，北齐时任中书令兼著作郎，奉诏编撰《魏书》，后累官至尚书右仆射，监修《国史》。

③ 初明：指沈炯。

④ 子渊：指王褒（约513—576），北周文学家。字子渊，琅邪临沂（今属山东）人，梁元帝时官吏部尚书、左仆射，江陵被陷后入北朝，北周时官小司空，出为宜州刺史而卒。原为梁的宫廷诗人，在北朝文名颇高。原有集，已散佚。后人辑有《王司空集》。

⑤ 四杰：唐初的四位杰出诗人王勃、杨炯、卢照邻、骆宾王。

⑥ 习之：指李翱（772—836），唐散文家、哲学家。字习之。陇西成纪（今甘肃秦安县）人。贞元进士，官至山南东道节度使，曾从韩愈学古文，是古文运动的参加者，文学主张大抵同韩愈。所作《来南录》，为传世很早的日记体文章。文风平易。有《李文公集》等。

⑦ 持正：皇甫湜（约777—约835），唐文学家。字持正，睦州新安（今浙江淳安）人。元和进士，官工部郎中，从韩愈学古文，文章奇僻，流于险奥，思想倾向与韩愈相近，其诗传世者仅三首。原有集，已散佚。

⑧ 沈亚之（781—832），唐文学家，字下贤，吴兴（今属浙江）人。元和进士。与李贺交游。曾投韩愈门下，善文辞，也能诗。为李商隐所推许。并作有传奇小说《湘中怨辞》、《异梦录》、《秦梦记》等。有《沈下贤集》。

为圭臬①，古质浑雄，唐代罕伦。子厚②与昌黎齐名，然栖身湘粤，偶有所作，咸则庄骚，谓非土地使然欤？若贞观以后，律诗日严。然宋③、沈④之诗，以严凝之骨饰流丽之词，颂扬休明，渊乎盛世之音。若夫高⑤、常⑥、崔⑦、李⑧，诗带边音，粗厉猛起；张、孟⑨、贾⑩、卢⑪，思苦语奇，缒幽凿险，皆北方之诗也。太白之诗，才思横溢，旨近苏（苏秦）、张（张仪）；温⑫、李⑬之诗，缘情托兴，谊符楚

---

① 圭臬：圭，测量日影的器具，臬，射箭的靶子。借指事物的准则。

② 子厚：即柳宗元（773—819），唐文学家、哲学家。字子厚，河东解（今山西运城西）人，世称柳河东。贞元进士，授校书郎，调蓝田尉，升监察御史里行。与刘禹锡等参加主张革新的王叔文集团，任礼部员外郎。失败后贬为永州司马。后迁柳州刺史，故又称柳柳州。与韩愈倡导古文运动，并称"韩柳"，同列"唐宋八大家"。散文峭拔矫健，说理透彻，结构严谨。《捕蛇者说》揭露社会矛盾，批判时政，尖锐有力。《三戒》等寓言，篇幅简短，笔锋犀利。《永州八记》等山水游记，文笔明丽峻洁，写景状物，多所寄托。又工诗，风格清峭，与韦应物并称"韦柳"。在哲学上，有《天说》、《天对》等重要论著，认为"元气"是物质的客观存在，根本否认在"元气"之上还有最高的主宰。提出天地、元气、阴阳不能"赏功而罚祸"，否定了当时流行的因果报应思想。但崇信佛教，有儒、释、道"三教调和"的主张。有《河东先生集》。

③ 宋：指宋之问，初唐诗人。

④ 沈：指沈佺期，初唐诗人。

⑤ 高：指高适（约700—765），唐诗人。字达夫，渤海蓚（今河北景县）人。早年潦倒失意，曾往来东北边陲。天宝中举有道科，授封丘尉。后辞官客游河西，为哥舒翰书记。安史乱后，历任淮南、西川节度使，终散骑常侍。封渤海县侯。世称高渤海。熟悉军事生活。所作边塞诗，对当时的边地形势和士兵疾苦均有反映；《燕歌行》为其代表作。和岑参齐名，并称"高岑"，风格也大略相近。有《高常侍集》。

⑥ 常：指常建，盛唐诗人。

⑦ 崔：指崔颢，盛唐诗人。

⑧ 李：指李颀，盛唐诗人。

⑨ 孟：指孟郊，中唐诗人。

⑩ 贾：指贾岛，中唐诗人。

⑪ 卢：指卢仝，中唐诗人。

⑫ 温：指温庭筠。

⑬ 李：指李商隐（约813—858），唐诗人。字义山，号玉谿生，怀州河内（今河南沁阳）人。开成进士，曾任县尉、秘书郎和东川节度使判官等职。因受牛李党争影响，遭排挤而潦倒终生。其诗对当时藩镇割据、宦官擅权和时政弊端多有反映，《行次西郊作一百韵》、《有感二首》、《重有感》等皆著名；所作咏史诗多托古以斥时政，《贾生》、《隋宫》、《富平少侯》等较突出。"无题"诗脍炙人口，至其实际含义，诸家所释不一。擅长律、绝，富于文采，构思精密，情致婉曲，具有独特风格。然有用典太多、意旨隐晦之病。也工四六文。有《李义山诗集》。文集已散佚，后人辑有《樊南文集》、《樊南文集补编》。

骚；储①、孟②之诗，清言霏屑，源出道家。皆南方之诗也。晚唐以还，诗趋纤巧，拾六代之唾余。自郐以下，无足观矣！

宋代文人，惟老苏③之作间近昌黎，欧④、曾⑤之文，虽沉详整静，茂美渊懿，训词深厚，然平弱之讥，曷云克免！岂非昌黎之文，固非南人所能效哉？若东坡之文，出入苏（秦）张（仪）、庄、老之间，亦为南体。苏门四子，更无论矣。北宋诗体，初重西昆派⑥，沿温、李、苏诗，精言名理，有东晋之风。西江一体⑦，虽遒峭坚凝，一洗凡艳，然雄厚之气，远逊杜、韩，岂非杜、韩之诗，亦非南人所克效欤？南宋诗文，多沿古制。惟同甫⑧、水心⑨，文体纵横；放

---

① 储：指储光羲，盛唐诗人。
② 孟：指孟浩然（689—740），唐诗人。以字行，襄州襄阳（今属湖北）人。早年隐居鹿门山。年四十，游长安，应进士不第。后为荆州从事，患疽卒。曾游历东南各地。诗与王维齐名，并称"王孟"。王维为他死后画像于郢州。其诗清淡悠远，长于写景，多反映隐逸生活。有《孟浩然集》。
③ 老苏：指苏洵。
④ 欧：指欧阳修。
⑤ 曾：指曾巩。
⑥ 西昆派：即西昆体。北宋真宗时出现的一种文风，主要表现在诗歌方面。其特点是专从形式上模拟李商隐，追求辞藻，多用典故。代表为杨亿、刘筠、钱惟演等人。因他们曾相互唱和，编成《西昆酬唱集》，故名。欧阳修《六一诗话》："盖自杨、刘唱和，《西昆集》行，后进学者争效之，风雅一变，谓之昆体。"后世亦有称李商隐、温庭筠等诗为西昆体者，如严羽《沧浪诗话》、元好问《论诗绝句三十首》。
⑦ 西江一体：即江西诗派。宋文学流派。北宋末，吕本中作《江西诗社宗派图》，自黄庭坚以下，"列陈师道、潘大临、谢逸、洪刍、饶节、僧祖可、徐俯、洪朋、林敏修、洪炎、汪革、李錞、韩驹、李彭、晁冲之、江端本、杨符、夏倪、林敏功、潘大观、何觊、王直方、僧善权、高荷，合二十五人，以为法嗣。"其中作者，不都是江西人。而与本书同时，被后人推为江西诗派重要作者的曾幾、陈与义二家，却未被列入。稍后，杨万里又以曾纮、曾思二家补为"江西续派"。江西派诗人论诗，崇尚瘦硬风格，喜作拗体诗，要求字字有来历，倡"夺胎换骨，点铁成金"之法，每袭用前人诗意而略改其词，以为工巧，后更有活法、悟入之说。在南宋前期和清代后期曾有过较大影响。
⑧ 同甫：即陈亮。
⑨ 水心：即叶适。

翁①、石湖②，诗词淡雅。然咸属南人。若真魏之文，缜密端悫③，诚哉中流之砥柱矣！

金元宅夏，文藻黯然。惟遗山④之诗，则法少陵，存中州之正声；子昂卑卑，非其匹也。自元以降，惟剧曲一端区分南北。若诗文诸体，咸依草附木，未能自辟途辙，故无派别可言。大抵北人之文猥琐，铺叙以为平通，故朴而不文；南人之文诘屈，雕琢以为奇丽，故华而不实。

当明代中叶，七子⑤之诗，雄而不沉；归⑥、茅⑦之文，密而不茂。至于明季，几社、复社⑧之英，发为文章，咸感愤淋漓，悲壮苍凉，伤时念乱；音哀于子山（庾信），气刚于同甫（陈亮）；虽间失豪放，然南人之文，兼擅苏（秦）张（仪）屈（原）宋（玉）之长者，自此始也。明社既墟，遗民佚士，眷怀故都，或发绵渺之文，或效轶荡之体，咸有可观。

清代中叶，北方之士，咸朴僿塞冗，质略无文。南方文人，则区骈散为二体。治散文者，工于离合激射之法，以神韵为主，则便于空疏；以子居、皋闻为差胜。治骈文者，一以摘句寻章为主，以蔓衍炫

---

① 放翁：即陆游。

② 石湖：即南宋诗人范成大。

③ 端悫：端正笃实。

④ 遗山：指元好问（1190—1257），金文学家，字裕之，秀容（今山西忻州）人，祖系出自北魏拓跋氏，兴定进士，曾任行尚书省左司员外郎等职，金亡不仕，工诗文，在金元之际颇负重望，诗词风格沉郁，并多伤时感事之作，其《论诗》绝句三十首，崇尚天然，反对柔靡雕琢，在文学批评史上颇有地位。有《遗山集》。

⑤ 七子：明代七子有前七子和后七子。前七子是：李梦阳、何景明、康海、王九思、边贡、王廷相、徐祯卿。后七子是：李攀龙、王世贞、徐中行、梁有誉、宗臣、谢榛、吴国伦。是明代中叶的两股文学潮流。

⑥ 归：指归有光。

⑦ 茅：指茅坤。

⑧ 几社、复社：明末江南士大夫的政治集团。主张改良政治，以挽救明王朝的统治。同时创作了一些有政治意义的诗文。

俗，或流为诙谐；以稚威、容甫①为精。若夫诗歌一体，或崇声律，或尚修词，或矜风调，派别迥殊；然雄健之作，概乎其未闻也。

故观乎人文，亦可以察时变矣！

---

① 容甫：指汪中（1744—1794），清代哲学家、文学家、史学家。字容甫，江苏江都人。遍读经史百家之书，卓然成家。工骈文，所作《哀盐船文》，为杭世骏所叹赏。能诗，尤精史学。

后 记

写完本书最后一句话，我长长舒了一口气，就像感到卸下千斤重担一样轻松。

是啊，一本十来万字的小书，竟整整折腾了三年的时间。其间的种种蹇踬和感受，一言难尽。

1987 年，正是"文化热"方兴未艾之时，我读研究生临近毕业，急来抱佛脚，写下《韩欧文风与南北文化》的学位论文。通过论文答辩并获得硕士学位后，就想立即着手，把它改编成一本专著。可没想到，后来发生的一些变故，却使这一想法始终不能如愿。毕业后我回到本校教写作课，本想在情况许可的条件下，换一个可以用得上所学专业的工作，能够"学以致用"。报国之心，其谁无之？然而，由于那个几乎人人皆知或颇有同感的"流动难"的原因，终于被"卡壳"。以后一直郁郁不乐，无心写东西。烦乱之际，随着西方文化潮水般的涌入，见大家都在搞翻译，心生一念：也许，在机械地"照搬照转"他人思想成果的过程中，可以暂时忘却自身烦恼。于是不知深浅，"班门弄斧"，翻译了一些社会学、文化学、经济学教科书，甚至通俗读物一类的著作。一晃就是两年。时过境迁，心情渐趋平和；翻译热也开始落潮。冷静之余，又想到自己那篇硕士论文。不管它有没有价值，毕竟是自己"三年寒窗"的一个总结。而且这两年在搞翻译的过程中总有一个感觉："洋人"的东西并不都见得高明，然而，一个更直接而具体的问题摆在面前：写出来，出不了，岂不白辛苦一场？

"出书难"一直是近年来流行的话题。而自己又没有那种"藏之名山，传之后人"的勇气。犹豫不决之际，又生一念：做学问就是做生意，只要有市场，有读者，书就能出；自己所教的学生，不就是最稳定的读者和最有效的"市场占有率"？于是，便搁下自己的论文，与教研室其他老师一道，七手八脚，共同编写起教材来。

正是在搞翻译和编教材的过程中，常常与出版社的同志打交道。一个偶然的机会，我跟他们谈了自己的那篇论文和想法。我觉得，与其泛谈传统文化，不如选择一个视点、一个角度、一个侧面，或者说，从一个个具体的"个案"入手，通过个别考察整体，从特殊到一般，来透视文化现象，这样做，也许更实在，更具体，更有价值。特别是对古典文学研究来说，要想摆脱传统的思想和艺术分析的模式，就应该努力开阔视野，把古代作家作品放在古今中外的大背景下去考察，眼观四路，耳听八方，在古今融贯、中外融贯、多学科融贯中发掘新意。我的论文把韩愈和欧阳修与南北文化联系起来，也算是一个创新，贝弗里奇《科学研究的艺术》说："独创精神往往在于把原先没有想到的观点联系起来。"何况对于中国南北文化问题，至今尚未有人做过相对说来比较深入、全面和系统的研究。我这样做，虽然有些不自量力，超越了自己现有的水平，那就算是一种尝试吧！改革可以允许失误，写书为什么不可以允许失误？

得到出版社有识之士的赞同，今年下半年，我抛弃一切胡思乱想，全力以赴，集中精力撰写专著。虽然由于时间紧迫，资料缺乏，研究不深，未能达到预期的水平，但毕竟尽了自己最大的努力，了却了这桩夙愿。

回顾这一过程，我深深感到：出书难，做学问更难。难就难在各种现实的干扰和牵累往往会打乱自己预定的计划。人，毕竟不是生活在真空中。

值此完稿之际，我想起那些一直关心我的老师，若不是他们的教诲和循循善诱，我没有水平写出此书；我想起那些经常在一起切磋和交流的同学，若不是大家的志同道合以及彼此勉励而形成的驱策力，我可能会半途而废；我想起自己相濡以沫的妻子，若不是她大量承担家务并在工作之余帮我查找资料，我不可能集中时间和精力撰写此书；我想起那些朝夕相处，以诚相待的同事，若不是他们的支持和帮助，以及与他们共同造成的一种相安无事的环境气氛，我也不可能顺利完成此书。……滴水之恩，当以涌泉相报。他们的培养、鼓励支持和帮助，终生难忘！

尤其要指出的是，在本书写作过程中，一直得到殷光熹老师的指导。此外，还得到过张文勋、胡国瑞、王启兴、刘禹昌、吴志达、苏者聪、吴佩珠、赵浩如等老师的教正。谨在此一一致谢。

回想自 1982 年大学毕业以来，原先许多立志搞学术的同学，有的从政，有的经商，大多已经改行，而继续在这条道路上摸爬滚打的人所剩无几，颇有一种落落寡合之感；而自己也曾几度见异思迁。说老实话，这几年到底是怎么挨过来的，连我自己也不知道。然而，"四十而不惑"，现在我终于明白：自己能做什么，不能做什么。有了这个发现，心里也就踏实多了。路，既然已经选定，就坚决走下去，决不回头。正如一首流行歌曲中唱道：

自己的道路自己走，苦水也会变美酒！

1990 年 12 月
于昆明下马村

增订版后记

　　本书修订再版的想法其实在 10 多年前就有了。自 1992 年本书出版后，由于当时印数少，不久即销售一空，于是不断有人写信并寄钱给我，求购此书，我手中仅有的 20 多本赠书很快便"卖"得只剩下"孤本"了。这是一个原因。还有一个原因：记得是 1995 年的一天，我在书店里闲逛，偶然看到一本书名为《南人与北人》的名人作品集，翻开一看，里面有两篇文章《悬殊的南北文化风貌与心态》和《一方水土一方人》，竟署名笔者姓名，颇感诧异，细看下来，原来就是我本书中的《中国南北自然人文环境》和《中国南北文化心理结构》两章，只不过编者换了个题目而已，内容则一字未改。该书《南人与北人》中收录的大多是一些名人大家如鲁迅、林语堂、曹聚仁、汪曾祺等人的文章。看到自己的名字忝列其中而且自己的文章还排在老前面，心中窃喜，难免虚荣心作祟，修订再版的念头油然而生。此后，又陆续看到好几部由不同出版社出版的同名书籍，我书中的这两章无一例外被编排在里面，有的书的封面和封底的内容简介甚至照搬我书中的原话，而且这些书大多冠以"鲁迅、余秋雨等人著"的大名，于是修订再版的念头越发强烈。可由于后来一直在瞎忙，"敲扑喧嚣犯其虑，牒诉倥偬装其怀"，身不由己，无法静心修改，此事一搁便是十多年。直到去年我在网络上发现有专门介绍我这本书的栏目，并看到一些研究韩愈和欧阳修的论文中有不少引用我原书中的话，以致有的图书馆还把本书的前身硕士论文《韩愈文风与南北文化》作为硕士论文的范文付费下载，这才知道本书确实小有影响，需要此书的人大有人在，也该再版了，至此坚定了我修订再版的决心。

从今年上半年，我断断续续地开始做修订工作。先诵读一遍，将原书存在的疏失和舛错作了更正，又针对书中原来存在的两个不足作了较大调整和补充。一是把原书附录的刘师培的《南北学派不同论》中的《南北考证学不同论》加进去，从而把刘师培的文章引用完整，并尽其所能作了较为详尽的注释。因为我至今未见过刘师培的《南北学派不同论》有一个断句规范并加以注释的完整版本。本想做一个较为详尽的译文，但因为其中涉及的人物、学派、学说、观点、地名实在太多，有的还比较生疏和生僻，无法查实，只好权作注释，以便于读者的阅读和理解，同时与我本书的内容也是一个相辅相成的补充和佐证。第二个大的修改是，增加了《关于文化》一章。本书写于 20 世纪 80 年代末，80 年代对文化的讨论还处于初级阶段，讨论不算深入，且争议颇大。但随着文化热的长盛不衰，关于文化概念的讨论现今已大致达成共识，因而此章综合了十多年来关于文化讨论的有益成果，并运用于分析韩欧文风的文化现象。三是由于当年写作本书得到了自己的恩师殷光熹老师的不少指教，此次再版，再请恩师写了一个《增订再版序言》。本书的增订再版，得到中国社会科学出版社张小颐老师和云南财经大学科研处处长寸晓宏老师的理解和支持，谨在此致谢！至于其他当年曾指导过本书写作的老师和先生，也谨在此致谢！

完书之际，感慨良多。回想多少年来学术界一片浮躁风气，出书比以前容易多了，书也越写越多，越写越厚，装帧也越来越华丽，可有些书的内容却大大缩水，真正有价值的东西日见稀缺。自本书出版以后，自己也不免随波逐流写过许多东西，有专著、有教材、有论文，也做过不少课题，字数早已超过百万字。可思前想后，总觉得自己最有价值最有影响而且最为满意的东西，就是这本薄薄的专著了。我想，一个人的一生只要有一本书或者一篇论文有所创见，能够引起关注，有人想看想读并愿收藏，也就足够了。我还是那句话："既然自己选择了社会科学研究这个行当，就坚持走下去，决不回头！"

2008 年 10 月 9 日

于昆明下马村